출사표

출사표

선거 출마자를 위해 알기 쉽게 정리한 선거 필승병법 36계책

選子兵法36計

권세경 지음

열아홉

목 차

======= **이론편(理論編)** =======

1. 준비(準備)

2. 이해(理解)

4. 출마(出馬)

5. 경선(競選)

저는 일곱 살, 세 살, 한 살 세 아이의 아빠입니다.

살면서 가장 잘한 일이 가정을 꾸리고, 아이들을 낳은 것입니다. 대학 시절부터 크고 작은 선거를 경험하면서, 줄곧 여의도 정치와 선거에 관련된 일을 하며 살아왔던 것 같습니다. 느지막이 사랑하는 여인을 만나 결혼을 하고, 첫째 아이를 낳아 너무나도 행복한 가정을 이루었습니다. 결혼과 가정에 별생각 없이 젊은 시절을 보냈던 제가 진정한 행복을 경험하게 된 시기였습니다. 예전 어르신들이 "우리는 험한 세월을 살아왔지만, 후세는 더 윤택하고 풍요롭게 살았으면 좋겠다"라고 하신 말씀이 조금씩 이해되기 시작했습니다. 저 역시 소시민인 부모님을 잘 만나, 부유하지는 않지만 그렇다고 턱없이 부족하지는 않은 환경에서 살아왔던 것 같습니다. 하지만 불혹의 나이를 넘어서 보니 우리 아이들이 저희 세대보다는 잘살았으면 좋겠다는 바램이 제게도 역시 생겨나더군요. 어른의 마음이랄까요, 적어도 우리가 살아왔던 것보다는 조금이라도 나은 세상에서 우리 아이들이 자랐으면 좋겠다는 일념을 담아, 이 책을 쓰기 시작했습니다. 지금도 백일을 갓 넘긴 셋째 아이를 품에 안고 이 글을 적어 내려가고 있습니다.

그런 저는 경제전문가도 아니고, 사회혁명가도 못 됩니다. 하지만 정치학을 전공하던 대학 시절부터 크고 작은 선거와 이기는 선거, 지는 선거 모두를 경험해 보았습니다. 선거 유세 자원봉사를 시작으로, 나중에는 전문적인 영역에서 큰 선거의 선거 기획 책임자로 역할 했습니다. 대통령선거와 국회의원선거, 지방선거 등을 두루 거치며 이기는 선거의 패턴을 익혔습니다.

국회 인턴 비서부터 시작하여 보좌관과 국회 협력관 등을 거치며 아이들을 키우는 동안, 제가 가족을 위해 작게나마 할 수 있는 일이 무엇일까 고민하였습니다. 그러던 중 제가 배워왔고, 누구보다 정통하다고 자부하는 선거 영역의 축적된 자산들이 훌륭한 선출직 출마 예정자들에게 현실적으로나마 도움이 될 수 있다면, 이것이 저의 공적 책무라는 마음을 갖게 되었습니다.

미혼 시절에는 뉴스를 보더라도 정치면과 경제면을 주로 보아왔지만, 결혼을 하고 아이들을 키우다 보니 사회면의 사건·사고와 복지영역에 대한 기사들을 관심 있게 살피게 되었습니다. 그런 의미에서 이 선거 전략서, 〈출사표〉도 선거의 당락만을 위한 기교를 강조하기보다는 선출직 출마 예정자의 마음가짐과 올바른 가치관 형성에 도움이 되고자 저술했습니다. 본 저자는 출마 예정자 여러분에게 간단한 질문 하나를 드릴까 합니다.

"당신은 왜 출마를 합니까?"

만약, 이 질문에 10줄 이상 구체적인 답변을 내놓지 못한다면 그대는 아직 출마 준비가 덜 된 것이니, 좀 더 숙고한 뒤에 다시 이 책을 찾으시길 바랍니다. 막연히 선거 당선을 위해서라든지, 입신양명(立身揚名)을 위해 제 책을 찾았다면, 큰 도움이 되지는 않을 수 있다는 말입니다. 출마를 고민하시는 출마 예정자 여러분도 자신이 속해 있는 정당의 정치 환경이 좋아졌다는 이유만으로 출마를 하지는 마시기 바랍니다. 혹은 자신의 출마 예정지에 경쟁자가 사라졌다거나, 특정 정당에서 공천을 약속했다는 이유만으로도 출마를 하지는 마십시오. 가장 먼저, "내가 왜 출마를 하는가?"를 자문해 보시고, 그에 대한 답을 할 수 있을 때, 이 저서는 그대에게 조금이라도 도움이 될 것입니다.

선거판에는 수많은 후보자와 선거전략, 그리고 각양각색의 당선사례들이 늘 존재합니다. 언제나 역동적으로 변화하는 곳이기에, 선거 당선에 있어서 유일무이한 정답은 없을 수도 있습니다. 하지만, 공통적으로 거의 모든 당선사례들은 정답은 아닐지언정 선거 낙선에 관한 오답을 줄일 수 있도록 합니다. 유권자의 정서를 이해하고 공감하는 것이 가장 좋은 선거 전략의 출발점이 되기 때문입니다.

선거는 다수의 후보자들 중에서 한정된 특정 인원을 뽑는 민주적 절차입니다. 선출직의 자리는 한정돼 있는데, 다수의 희망자들이 선거라는 민주적 절차를 통해 주권을 위임받습니다. 그러기에 후보자들이 나름의 장점과 결과물은 홍보하고, 자신의 과오와 단점은 해명하거나 설득을 하여 지역 유권자의 지지세를 확보해 가는 과정이 선거운동입니다. 후보자들의 살아온 과정이 다르고, 각자 삶에서의 성과들도 다르지만, 동일한 선거 룰에 따라 지역을 위해서 일할 사람을 뽑기에 선거를 '민주주의의 꽃'이라 칭하는 이유입니다. 같은 사과나무에서 열린 사과도 백화점에 내놓을지, 대형마트에 내놓을지, 혹은 과일 포장은 바구니에 담을지, 상자에 담을지에 따라 소비자들의 선호도와 선택지가 달라지기 때문에 출마 예정자는 자신의 출마 지역과 체급, 그리고 정당을 잘 선택하여 출마를 해야 하는 것입니다.

〈출사표〉는 출마 예정자나 선거를 고민하는 사람들의 출마 준비를 다지는 선거 시작 단계에서부터 선거운동 과정을 거쳐 투표일까지의 선거에 대한 전 과정을 누구나 알기 쉽도록 저술한 책입니다. 선출직을 준비하는 출마 예정자 뿐만 아니라 그들의 가족과 선거관계자들이 공유하면 좋겠다고 생각하여 실전 경험을 통해 틈틈이 정리해 둔 핵심 내용들을 선거운동 실전 전략들로 구성하였습니다. 선거 출마에 대해 사전에 알아야 할 기본적인 지식들을 1장, 2장, 3장의 이론편으로, 선거 출마 이후에 거쳐야 할 현실적인 실전 부분을 4장, 5장, 6장의 실전편으로 구분했습니다.

이 책이 단순히 선거 당선의 기교를 설명하고, 기술한 책에만 머물지 않았으면 좋겠습니다. 지금 당장은 선거비용이 부족하고 조직력이 미약하더라도, 건실하고 생각이 바른 후보자들이 이 책을 통해 한 명이라도 더 당선되어 풀뿌리 민주주의를 이끌어 간다면 좋겠습니다. 저 역시 지금 당장은 선거비용이 부족하고 조직력이 미약한 출마 예정자에게 든든한 후원자가 되어줄 수는 없을지라도 저의 선거전략서, 〈출사표〉가 출마 예정자에게 바르게 이기는 건승(健勝)과 반드시 이기는 필승(必勝)의 두 조건을 모두 충족시키는 데 일조하기를 바랄 뿐입니다. 이 책과 함께하는 출마 예정자 여러분의 건승과 필승을 기원합니다.

마지막으로, 자기 일을 뒤로하며 수년 동안 아이들 키운다고 애쓴 제 아내와, 부족할 수 있는 부모 아래서 무럭무럭 씩씩하게 자라는 우리 세 아이들에게 감사의 인사를 올리며, 저 역시 가장

(家長)으로서의 새로운 각오를 다져봅니다.

이천이십일 년 십일 월,
여의도 국회의사당 앞뜰에 서서, 권세경.

이론편

理論編

1
—

준비
(準備)

제1계. 출마의 변(出馬之辯)

행동의 가치는 그 행동을 끝까지 이루는 데 있다.

―

칭기즈칸

대학에서 정치학을 전공한 후, 여의도 정치권에 입성하여 큰 선거와 작은 선거, 내가 참여하는 선거와 남들의 선거 등 무수히 많은 선거의 현장을 경험해왔다.

모든 선거캠프에는 한 명의 후보자와 그 후보자를 지원하는 많은 선거운동원들과 지지자들이 있다. 후보자는 무엇보다 선거에 임하는 명분과 자세가 분명해야 한다. 그것이 후보자의 출마의 변이 되어 선거 과정을 통해 정책과 공약으로 명문화되는 것과 동시에, 선거 캠프의 모든 운동원들은 물론 후보자의 지지자들이 후보자에게 갖는 확신과 지지가 되기 때문이다.

과거에는 선출직 당선을 흔히 입신양명(立身揚名)이 실현되었다고 이해하였다. 처음부터 직업이 선출직 공무원이 아니더라도, 사업으로 성공하여 업계의 신화적인 존재가 되었거나, 변호사, 판·검사, 의사, 회계사, 방송사 등 소위 '사'자 전문직 직업을 하다가 자신의 영역에서 인정을 받고 정치권으로 넘어오는 부류가 있으며, 교수나 연구원, 석학 등 정치 공학의 이론가들이 현실정치로 뛰어드는 경우, 또는 시민단체나 이익단체, 정치 외관 단체에서 선거를 거쳐 정치권에 귀거하는 경우도 있다. 그런 이유로, 특히 여의도 정치권에는 자신의 영역에서 한 가닥씩 하던 위인들이 모여 있는 것으로 생각할 수 있다. 물론, 자신의 분야에서 성공적인 성취를 이루었다고 해서 모두가 인성을 갖춘 위인은 아니지만, 그래도 누구나 성공한 사회적 성취를 이루었다면 종국에는 정치를 하고 싶어 한다는 것도 틀린 말은 아니다. 그것이 개인의 꿈을 이루는 것이든, 유권자의 요구를 받고 출마를 하는 것이든, 정치를 하기 위한 일반적인 첫 단계가 바로 선출직 출마에 도전하는 것이다. 그것은 정치에 대한 막연함을 현실로 행하는 첫 결행이어서 더욱 어려운 일인 것이다.

또한, 모두가 정치를 하면서 직업 정치인으로 성공 가도만을 달리기는 쉽지 않다. 정치를 하기 전에는 자신의 일만 열심히 하고, 자신의 영역에서 인정받으면 성공할 수 있었겠지만, 정치를 직업으로 둔 선출직 공직자는 늘 선택의 기로에 직면하고, 상대가 있는 '선거'라는 게임에서는 완전한 성공도, 완전한 실패도 없는 것이 현실이다. 즉, 승승장구하는 이기는 게임만을 할 수 없는 것이 정치이다.

　분명한 것은, 선거는 여전히 선출직을 가기 위해 거쳐야 할 필요 조건이라는 것이다. 모두가 선거를 통해 정치권 입성을 희망하지만, 그것도 입후보 등록, 당내 공천 등 여러 사전 작업을 거쳐 본선거 승리를 일구어내야 하기에 출마를 쉽사리 결정하지는 못한다. 선거에 이기면 좋겠지만, 반면에 낙선하게 되면 패가망신의 지름길이라는 말도 있다. 선거에 지면 후보자를 비롯한 가족과 지지자들의 노고는 말할 것도 없이, 선거비용 또한 고스란히 잃게 되고, 경우에 따라서는 지역사회에서 패배자의 낙인으로 살아야 하는 모멸감과 외로움을 맛봐야 한다. 물론, 재도전에 성공하여 당당히 정치권에 입성하는 경우도 많다. 오히려 더 나은 기회를 얻어서 작은 선거를 생략하고 큰 선거에서 승리하는 경우도 보아왔다.

　소위 오세훈 법 이후로 정치자금법과 공직선거법 등이 개정 과정을 거치며 선거 출마에 대한 형식적인 규범들과 경제적인 비용에 관한 고민이 한결 투명해지고 용이해진 것이 사실이다. 누구나 기본적인 조건을 충족한다면 더 이상 선거는 특별하고, 고귀한 사람만 출마하는 대의제도도 아닌 것이다. 과거에는 선거를 통해 당선이 되면 당선자뿐만 아니라 혈연, 지연, 학연 등으로 당선자와 얽힌 관련자들은 이권이나 특혜에 좀 더 가까이 갈 수 있었다. 또 그런 폐습들이 상황에 따라서는 일반적이고, 통상적인 관례처럼 받아들여지는 부분도 다소 있었다. 그런 만큼 과거의 선거는 출마 후보자뿐만 아니라 가문의 명운을 걸만큼 치열했고, 선거전은 돈이든 조직이든, 규모로 움직이는 만큼 승자독식의 법칙이 적용되어 지는 쪽은 천하의 죄인이 되고, 빚쟁이가 되기 마련이었다. 선거 결과에 따라 당선과 낙선은 하늘과 땅 차이였으며, 선거 출마자는 투자 대비 위험성이 큰 명예직군이었다.

반면에, 당선이 되면 유리한 경제적 위치에서 가족과 지인들의 사업이 행해지는 쏠쏠한 당선자의 삶을 살 수 있었다. 선거에 출마하기 위한 자격 또한 돈 있고, 명망 있는 사람들에게나 가능했고, 그들끼리의 경쟁은 돈 싸움과 세력 싸움으로 흐르기 십상이었다. 그런 이유로 당선이 되고 나면, 후보시절 선거운동에 들어갔던 경제적 자산과 조직적 인맥을 위해서라도 당선자 임기 내에는 선거운동 중에 투여된 선거비용의 본전을 뽑아야 했고, 다음 선거를 위해 그 이상을 축적해야만 했다. 그러다 보니 정경유착 세력이 생기고, 선거 브로커나 선거토착 세력이 생기는 것이 일상이었다.

그러나 현대 정치에 오면서 선거는 더 이상 개인의 입신양명의 발판이 아니게 되었다. 후보자가 선거운동을 하듯이 사업을 한다면 충분히 먹고 살 수 있는 사회적·경제적 제도가 마련돼 있다. 선거운동하는 것의 노동량 대비 경제성을 따져본다면, 선거운동은 아마 최저임금에도 미치지 못하는 비효율적인 활동이 될 것이다.

뿐만 아니라, 낙선자는 처자식을 비롯한 친인척에 면목이 없어지는 것은 당연하거니와, 친구나 지인들에게는 도와준 것에 대한 미안함을 안고 한동안 살아가야 한다. 당선자도 예전에 비해 장밋빛 청사진만 있는 것이 아니다. 편법적으로 뒤따르던 경제적 혜택도 거의 없으며, 오히려 한정된 자신의 자산으로 공치사를 하다 보면 돈을 버는 직업으로는 매력이 없는 것이다. 그 열정으로 다른 사업을 하거나 공부를 하는 것이 낫다.

또한, 선거에 출마하게 되면 후보자뿐 아니라 가족 전체가 일반 시민이 아닌 공인의 가족이 된다. 쉽게 말해서, 후보자의 배우자는 동네에 나가서 10원짜리 고스톱도 못 친다는 뜻이다. 늘 공인의 가족이라는 굴레가 뒤따른다. 그런 이유로, 날이 갈수록 투명해지는 김영란법이나 공직자 윤리강령 등의 제도적 규범 속에서, 부와 명성을 위해 선거에 임하고 당선을 꿈꾼다면 일찌감치 그만두라는 말씀을 드리고 싶다. 선출직 공무원은 노동 대비 생산성이 선거운동과 선거 준비 기간, 그에 따른 부대비용 등을 측정해 보았을 때 거의 최저효율의 직군이기 때문이다. 다시 말해, 선거 출마가 그만큼 힘들고 그에 상응한 열정이나 비용으로 다른 일을 한다면 더 큰 효율성과 생산성의 노동 가치가 생길 것이라는 말이다.

이 모든 것들에도 불구하고, 당신은 왜 선거를 나가려 하는지 자문해 보기 바란다. 선거에는 명분이, 자기 자신에게는 출마에 대한 확신이 서야 한다. 유권자에게는 설득과 이해의 과정을 거쳐야 한다. 일반직 고위공무원을 하다가 이제껏 쌓아온 커리어는 아깝고 앞으로 할 것이 막연해서 출마를 하거나, 대통령이나 국회의원 등 큰 정치인에 줄을 잘 서고, 그들의 당선에 보은을 받아 출마를 하거나, 사회적인 인지도를 바탕으로 정치적 비전보다는 인기 영합에 기대어 출마를 하거나, 좋은 집안에, 외국 박사학위를 받고 귀국해서 개인 이력을 만들기 위한 출마는 더 이상 성공할 수 없다. 어쩌면 정치 바람을 타고 한 번은 당선될지도 모른다. 하지만, 4년 뒤 재선 이상을 원하는 인물이라면 그것만 있어서는 안 된다. 물론, 후보자의 이력이 좋고, 배경이 좋은 것은 후보자가 선거를 이기는 데 더없이 좋은 장점이 된다. 하지만, 그것이 전부는 아니다. 그러한 이력과 배경을 두고, 말 그대로 후보자의 노력과 열정이 탄탄하게 뒷받침되어야 한다.

출마를 하려는 자는 왜 선거를 나가려 하는지, 무엇을 위해 출마를 하는지에 대한 고민이 충분히 확립되어야 한다. 출마를 준비하고 있다면 지금 당장 출마의 이유를 A4지 한 장에 써 내려가 보라. 만약, 출마를 준비하는 예정자에게 출마에 대한 이유와 당위성이 없다면 그것은 준비가 안 된 것이다. 그만큼 선출직 출마는 지역 선관위에 가서 후보등록 종이 한 장 써서 될 일이 아니다. 출마를 준비하는 사람의 책임감과 사명감이 준비가 덜 되어 있다면, 선출직에는 출마를 접어야 한다. 선출직 출마에 대해 충분히 고민하고, 또 고민해 보아라. 그럼에도 출마의 확고한 신념이 있다면, 오직 선거 필승과 당선만을 생각하고 선출직 출마에 임하라. 출마에 대한 확신이 섰다면, 선거 준비는 절반 이상 한 것과 다름없다.

제2계. 주변정리(周邊整理)

세상에 공짜 점심은 없다.

———

밀턴 프리드먼

선거 출마에 대한 자신의 의지와 목적이 확실히 섰다면, 그 다음은 주변 정리를 해나가야 한다. 후보자의 주변 정리라 함은, 선거에 임하게 되었을 때 후보자의 신상에 관한 것, 친인척을 포함한 지인들에 대한 것을 시작으로 돈 문제, 이성 문제, 인간관계, 법적 문제 등 출마를 앞두고 치러야 할 선거와 관련된 나머지 요소들을 말한다.

출마를 희망하는 후보자의 이력과 학력이 좋고, 자신의 분야에서 승승가도를 달려왔다고 해서 후보자의 주변 정리가 다 되었다고 볼 수는 없다. 사업을 해서 성공한 사람이라도 진행 중인 돈 문제나 법적 문제가 있을 수 있고, 고위공직자 출신이라면 조직 생활을 할 때 좋지 않은 근무 평가나 사회적 이슈로 부정적인 결과를 가져온 전력이 있는지, 또한 있다면 그것이 출마 시에 극복이 가능한지도 따져봐야 한다. 자신이 소속된 사회 조직이나 살아온 분야에서 활약할 때와는 달리, 선거에 임하여 공인인 선출직 후보자로 임하게 되면 당연히 다각적인 사회적 평가가 동반되기 마련이다. 후보자 자신은 물론, 후보자 주변에 대한 관리도 당연히 필요하다. 친인척을 포함한 가족 등의 혈연적 관계를 1차 집단으로, 후보자와 관련된 지인과 동문 등 사회적 관계를 2차 집단으로 놓고 본다면, 당연히 배우자와 친인척을 포함한 1차 집단에 대한 주변 정리가 2차 집단보다는 중요시 된다.

여의도에는 이런 말이 있다. '선거 운동은 후보자의 가족이 하는 것이다'. 그만큼 선거는 가족들의 이해에서 시작된다. 1차 집단인 가족들에게 출마에 대한 동의와 이해를 구했는지, 배우자와 교감은 되었는지, 집안 어른들의 여론은 어떠한지에 대한 공감이 우선되어야 한다. 배우자의 선행이나 자녀들의 병역 이행, 가족애 등의 요소로 인해 더욱 지지도가 올라가는 후보자가 있는 반면, 후보자의 자녀가 학창 시절 반 친구들에게 행한 악행이나 배우자의 부도덕한 행실로 인해 낙선하는 후보자들도 심심찮게 보아왔다.

일례로 2014년 6월, 서울시 교육감 선거에서 특정 후보자의 선거운동원으로 누구보다 열심히 후보자를 돕고 지지해야 할 가족이 오히려 치명적인 낙선의 사례를 제공한 경우도 있었다. 친딸이 부친인 특정 후보자를 도리어 비판하며, 후보자 낙선을 주장했던 것이 특정 후보자에게 뼈아픈 낙선의 결정적 이유로 작용했던 것을 우리는 잘 알고 있다.

이와는 반대로 박정희 전 대통령의 공과에 대해서는 이념 간, 진영 간의 해석이 다를 수 있더라도, 배우자인 육영수 여사의 따뜻하고, 온화한 이미지는 다소 거칠고 투박했던 박정희의 이미지 개선에도 영향을 미쳐 배우자가 후보자의 득표 활동에 실질적인 도움이 되었던 사례라고 할 수 있다. 두 사례 모두 가족이라는 후보자의 1차 집단의 행위로 인해 후보자가 낙선하거나, 오히려 당선에 큰 도움을 받은 것이다. 후보자의 주변정리는 후보자의 일신만큼이나 중요해지는 추세이다. 특히, 미디어와 IT 기술이 발전하며 공식적인 선거 운동 방법 외에도 SNS나 바이럴 영상으로 후보자의 주변 소재들이 여실히 공개되는 경우가 더욱 증가하고 있다.

그런 이유로, 1차 집단인 후보자의 가족과 친인척의 선거에 대한 공감대와 교감은 출마를 앞둔 후보자에게 반드시 전제되어야 한다. 또한, 유권자들은 후보자의 자격과 도덕적 기준을 평가하기 위해 후보자의 가족까지도 판단하게 된다. 후보자 배우자의 평소 행실, 자식의 학교생활, 부모의 평판까지도 후보자가 짊어지고 나가야 할 배경이 되는 것이다. 1차 집단에 대한 좋은 평가는 선거전에 큰 보탬이 되지만, 안 좋은 평가와 이미지는 후보자가 극복해야 할 절대 요소가 된다.

현대 선거전으로 오며 혈연적 관계인 1차 집단 못지않게 2차 집단인 후보자의 사회적 관계망에 대한 관심도가 커지고 있다. 후보자의 애정 문제, 금전 문제, 윤리 문제 등은 선거전이 치열하면 치열해질수록 거론되고, 후보자의 치부로 작용하거나 상대측의 공격 포인트로 이용된다. 후보자 본인이 준비가 잘 되어 있다면 더없이 안심인 사안이지만, 1차, 2차 집단에 대한 치부가 많은 후보자라면 그에 따른 영향을 확실히 받게 된다. 그만큼 유권자들은 후보자의 덕목 중 정책 수행능력뿐만 아니라 도덕적이고 윤리적인 덕목을 우선적으로 평가하고 있다.

유권자들은 후보자를 판단할 수 있는 기간이 길지 않다. 기껏해야 예비후보 그룹에 거명될 때부터 후보자의 존재를 알게 되거나 아니면 본 후보 등록을 하고, 선거운동을 하는 정작 보름 정도의 기간 동안 관찰하는 것이 전부다. 후보자의 선거공보물이나 정당의 공약들은 모두가 하나같이 유권자에게 더 나은 삶의 방향을 제시하고 있다. 정작 후보자의 인물 본위를 바꾸는 주요 요인은 후보자가 살아온 삶에 대한 유권자들의 평가이다. 쉽게 말해, 후보자가 대인관계에 큰 오점이 있거나, 절친한 친구에게 손가락질 받을 짓을 했었다면 출마 이전에 오해부터 풀고 시작하는 것이 맞다. 일반적인 삶이 아닌, 공인이 되기를 택한 선거 출마자라면 출마를 서두르기보다는 후보자의 주변을 먼저 정리하라는 말이다. 괜히 무턱대고 출마했다가 후보자의 감추고 싶은 과거가 드러나고, 돈은 돈대로 쓰고, 심신은 힘들어진다면 그것은 출마를 위한 순서가 잘못되었기 때문이다.

선거전에 돌입하게 되면 굉장히 많은 것들이 파헤쳐지고 공개된다. 선거가 투명해졌다는 장점 속에 후보자의 많은 것이 여실히 벗겨져 버리는 단점도 있는 것이다. 무엇보다 문제가 되는 사건은 발생되는 시간부터 확산되기까지의 속도와 파급력이 굉장히 빨라졌다. 방송과 언론을 통해서만이 아니라, SNS나 인터넷을 통해서도 삽시간에 퍼져 나가는 것이다. 유권자들은 출마자에게 성직자와 같은 순수하고 무결한 기준을 기대하는 것은 아니다. 다만, 지역구를 대표하여 선출직에 나가는 만큼, 사회 통념상 상식에 반하는 후보자에게는 선거 명함조차 받으려 하지 않는다는 것이다. 유권자들에게는 주변 정리도 안된 사람이 무슨 선거를 나와서 저런 추태를 보일까라는 실망감과 안타까움이 교차한다. 뛰어난 정책 능력도 중요하지만, 도덕적 함양을 갖춘 후보자를 유권자들이 선호하는 것은 당연한 이치이다.

선거전을 이어가며 후보자에 대한 실망감들이 해소되면 좋겠지만, 그렇지 않다면 해당 후보자는 더 큰 정책적 이슈를 제기하거나 그 부분을 과감히 털고 가야만 한다. 그렇지 않으면 후보자가 설령 당선이 되었다고 하더라도, 4년간의 의정 행보 동안 줄곧 부담을 안고 살아야 한다. 선거를 앞두고 있는 후보자라면 미리 정리했어야 할 부분을 선거전에 끌고 와 봐야 자신만 손해이다. 선거전을 거치면서 없는 사실들도 생겨나는 상황에, 유권자들의 입방아에 오를 흠결들은 사전에 정리하고 가는 것이 후보자를 위해서 좋은 일이다. 유권자들은 후보자의 이력 못지않게 세평 또한 살펴보기 때문이다.

각 정당의 후보자들 모두가 이력이 출중하지만, 그중 나름 성공했다고 자부하는 후보자들에게 정당에서는 후보자 공천을 하고 있다. 이 경우에도, 기본적인 후보자들의 이력과 배경 외에 후보자의 도덕성이나 사회적 문제 등은 최근의 선거 풍토를 감안하더라도 점차 중요해지는 요인이 된다. 그만큼 유권자들은 후보자의 능력뿐만 아니라 도덕성과 일신 사항들을 살피며 해당 후보자의 삶의 과정과 인간미를 판단한다. 선출직 후보자들에게 자신의 주변 정리는 만들어진 이력보다 더욱 중요한 사안이다. 특히, 개인주의를 중시하는 유럽이나 미국보다도 한국의 정치 환경은 후보자에게 더욱 준엄한 도덕적 요구를 하는 경향이 있다.

제3계. 선거비용(選擧費用)

돈은 진정 중요한 것이다.
모든 건전하고 성공적인 개인과 국가의
도덕은 이 사실에 기초를 두어야 한다.

———

조지 버나드 쇼

   선거 출마를 공표한 후, 선거운동과 그 제반 사항을 준비하는 모든 것에는 돈이 들기 마련이다. 이런 모든 비용을 통칭하여 선거 비용이라 한다. 선거를 치루는 데 돈이 든다고 해서 반드시 불법적인 금품 살포를 얘기하는 것이 아니다. 작게는 유권자에게 나눠주는 후보자의 선거명함부터 선거사무소, 선거 차량, 선거홍보물, 선거운동원 보조금, 선거 방송 비용, 선거 광고 등 선거운동을 위한 합법적인 모든 재원을 말한다. 선거의 형식과 후보자, 그리고 지역구마다 다소의 차이는 있지만, 선거에 출마하기 위해서는 기본으로 들어가야 할 선거비용이 있다.

   선거비용은 선거법상 허락되는 선거운동 행위를 하기 위해서 필요한 비용들을 말하며, 그렇기 때문에 후보자에게 무엇보다도 현실적인 과제 거리가 된다. 선거 출마 전에 준비되어 있지 않으면 재원 마련에 애를 먹기 마련이다. 또한, 선거관리위원회에 회계처리를 신고하는 것이 후보자의 의무사항이기에, 예산은 무엇보다 합법적인 방식으로 지출되어야 한다. 선거법상 선거운동 중 회계책임자를 별도로 선관위에 신고할 만큼 선거 지출의 증빙은 법적으로도 중요하다. 이는 차후 후보자의 선거 당락의 결과와 상관없이, 당선 취소 사유나 정치자금법 위반으로 인해 향후 선출직 출마에까지 영향을 미칠 수 있는 사항이다.

　선거운동을 하기 위해 후보자는 우선 유권자들에게 선거명함을 한 장, 한 장 성심껏 돌린다. 선거관리위원회에 등록한 배우자를 포함해서 선거운동이 가능한 사람들도 배부할 수 있다. 배포가 아닌 살포라는 단어를 쓸 만큼, 후보자는 선거운동 기간 중에 십 만장 이상의 선거명함을 뿌린다. 명함이나 현수막 등의 선거홍보물은 모두 기획사에서 제작을 한다. 수량과 제작 의도에 따라 추가되는 제작비는 모두 선거비용으로 잡아 신고를 해야 할 항목들이다. 그리고 선거운동을 하려면 사무공간을 포함한 선거사무소를 마련해야 한다. 임대료의 차이는 있지만, 예비후보 기간을 포함하여 선거 투표일까지 계산하면 서너 달 정도의 선거사무소 임대료도 생각해야 한다. 물론, 입지장소에 따라 임대료는 천차만별이고, 형식도 기존 건물부터 컨테이너형, 텐트

형 등 여러 가지 형식을 취하지만, 최종목적은 유권자들에 대한 홍보를 우선으로 한다. 또한, 후보자의 예비홍보물, 본 홍보물, 포스터, 현수막 등의 지면 홍보물과 선거운동원들의 선거 운동복과 홍보 도구, 그리고 선거 차량에 대한 제작비와 운영비 등도 염두에 두어야 한다. 그 외 운동원들 식대와 공식적인 선거운동비, 신문이나 방송 광고, 선관위에 신고 후 할 수 있는 여론조사, 사무실 PC 등 사무 집기비용, 후보 등록 시 필요한 기탁금 등 모든 것이 비용처리 되어야 할 선거비용들이다.

물론, 후보자가 당선이 되거나 선거 최종 득표율이 15% 이상이면 전액을, 10% 이상~15% 미만이면 선거비용의 반액에 대한 부분을 보존 받을 수도 있다. 또한, 광역 단체장이나 교육감, 국회의원 등이 후원회를 조직하여 한도액까지 후원금을 모금할 수도 있다. 하지만, 통상 초기 투입자본은 모두 후보자의 지갑에서 나와야 한다. 나중에 보존을 받더라도 출마를 위한 준비과정에는 후보자 당사자의 자금이든, 배우자의 자금이든, 대출을 받아 마련한 자금이든, 후보자가 기본으로 들고 시작할 수 있는 기본 선거비용이 필요한 것이다.

여의도에서 무수히 많은 선거를 보면서 느꼈지만, 큰 선거든 작은 선거든 항상 거론되는 것이 돈 문제이다. 돌려도 문제 되고, 받아도 문제가 되는 것이 돈이다. 선거전에 임하며 돈이 부족하다면, 뭔가 궁한 떳떳치 못한 일을 하게 된다. 선거비용을 후원계좌를 통해 모금을 하더라도 선거판에는 공짜가 없고, 모두가 부채이다. 선거비용 후원은 후보자가 당선되기를 바라는 것이 첫 번째 이유일테지만, 그 내막에 후원자가 원하는 세부적인 이유들은 천차만별이다. 후보자가 당선되어 실행해주기를 원하는 후원자의 정책 민원이나 지역 현안들이 따로 있을 것이다. 그런 이유로, 정치 후원금도 공짜가 아니다. 후보자가 후원자에게 갚아야 할 빚이라고 여겨야 하는 것이다. 돈 문제에 대해 떳떳하지 못하면 후보자는 선거운동 기간뿐만 아니라, 선거가 끝나고도 휘둘리게 된다.

당선이 되든 낙선이 되든 선거비용을 회계처리 해야 하는 것이 현재의 선거법 규정이다. 그만큼 선거비용 회계처리는 믿을 만한 선거 운동원에게 맡겨야 하고, 정해진 선거비용 안에서 효과적으로 쪼개 써야 한다. 선거구마다 후보별로 쓸 수 있는 선거비용에도 한도가 있기 때문이다. 후보자의 언론사 광고에 선거비용을 많이 썼다면 적어도 다른 곳에서는 아껴 써야 한다. 후보자에게는 선거비용 상한액이라는 선거비용 기준이 있다.

기본적으로 후보자 자신이 돈이 있으면 제일 좋고, 돈이 없더라도 효과적으로 비용 절감의 선거 운동을 전개해야 한다. 물론, 기본적인 지출을 위해서는 후원계좌와 선관위에 신고한 은행 계좌를 합법적으로 거친 깨끗한 돈을 써야 한다. 죽어라고 선거 운동하여 어렵게 당선되어도, 정작 선거 자금법으로 선출직을 박탈당하는 사람을 선거판에서 여러 명 본 사람으로서 드리는 직언이다. 선거에서 돈 문제를 처리하는 데 있어 가장 어울리는 표현이 '과하면 부족함보다 못하다'라는 속담이다. 괜히 무리하여 선거에서 돈 문제가 불거지고, 선관위·경찰·검찰·언론·경쟁후보 등 여론의 입방아에 오르내리면 그 선거운동은 안 하니만 못한 꼴이 되고 만다. 우리나라는 선거에 있어서 돈 문제를 굉장히 엄하게 보고 있다. 현실에서는 돈이 없으면 선거를 치루는 데 어려운 점이 있는 것과는 별개로, 법리적으로는 굉장히 엄격하게 선거 비용을 관리하고 있다. 또한, 선거 비용이 부족하면 부족한대로 선거운동을 해 나가는 것도 후보자의 역량이다. 단적인 사례로 2021년 6월, 국민의힘 전당대회에서 이준석 후보가 1억 5천만 원이라는 정치후원금을 모은 채로 당대표 선거운동에 임해, 단 3천만 원만을 지출하고 당대표에 당선된 전례도 있다. 이것은 선거에서 돈 못지않게 후보자의 진정성을 전달하는 선거 전략의 중요성을 반증하는 사례가 될 것이다. 1억 5천만 원의 정치 후원금 중에서 3천만 원만을 쓰고, 남은 1억 2천만 원은 국민의힘 정당 후원금으로 기부를 하는 전략이 오히려 2030세대를 겨냥한 선거 전략에 주효했다는 의미로 해석할 수도 있다. 즉, 줄일 것은 줄이되, 전략적으로 필요한 부분에는 선거비용을 지출하고, 그 지출 관계에 있어서는 절대 투명해야 할 것이다.

선거비용 상한선을 잘 지켜서 알뜰살뜰 선거비용을 아껴가며 선거운동을 진행해야 하고, 금품과 관련된 내용은 후보자뿐만 아니라 가족과 선거캠프 운동원 전원이 긴장 속에 조심하고 경계해야 한다. 후보자가 돈 문제에 휘말리게 되면 선거운동을 하기가 너무도 어려워지고, 여론도 나빠지기 마련이다. 선거비용에 대해서는 선관위에 수시로 회계처리 현황과 사용내역을 보고하면서 정리해 간다. 예산이 넉넉하다면 더없이 좋겠지만 역으로, 재벌이나 금수저 출신이라고 모두가 선거전에서 승리하는 것도 아니다. 어차피 유권자를 움직이는 것은 선거비용이 아닌 후보자의 진심과 진정성이기 때문이다. 후보자는 무엇보다 돈 문제에 깨끗해야 하며, 선거비용은 항상 후보자가 직접 챙겨야 할 항목이다.

선출직 공무원에게 있어 돈의 문제는 굉장히 엄격한 기준으로 제시되고 있다. 선거법상 불과 100만 원의 벌금형으로 당선무효 판결이 나서, 현역으로 열심히 일하는 와중에도 해당 직을 수행하는 것을 멈추어야 하는 사례들이 선거 때마다 발생한다. 그만큼 모든 출마자들이 선거비용을 포함한 돈 문제에 있어 경각심이 부족하다는 의미이다. 선거사무원을 두고 선거비용을 운용하더라도, 이는 선거 당락과는 무관하게 선거 출마자의 운명을 바꿔놓는 아주 중요한 요소이기에 후보자가 경각심을 갖고 직접 책임져야 할 사안이다.

제4계. 지역선택(地域選擇)

정치를 외면하면 가장 저질스러운 인간들에게
지배를 당하게 된다.

———

플라톤

지방선거든, 국회의원 선거든 출마를 희망하는 사람들의 가장 큰 고민은 어떤 선거구에 나갈 것인가 하는 지역구를 결정하는 일이다. 경우에 따라서는, 그 사회적 분위기나 상황에 따라 선거판을 움직일 정무적 판단과 후발적 효과를 위해 중앙당에서 전략적으로 지역 명망가나 유명인 등에게 출마지를 공천해주는 경우도 있으나, 보통 선거 출마지역을 정하는 데는 후보자 자신의 의지와 선택이 가장 중요하게 작용한다. 그 선택을 가장 크게 좌우하는 것은 당연히 당선 가능성이다. 그리고 후보자 자신의 삶과 출마의 연관성을 상기시킬 수 있는 선거구가 되어야 할 것이다. 후보자는 자연스레 출마를 염두에 둔 선거구와 후보자 자신의 인연을 먼저 고려하게 된다. 여기에는 명분과 스토리가 뒤따라야 한다. 출생지가 인생의 고향인 것처럼, 후보자에게 출마 선거구는 일반인에서 정치인으로 거듭나는 정치적 고향을 의미하기에, 후보자는 출마지 선택에 신중에 신중을 기하기 마련이다. 후보자가 출마 선거구를 정하는 방법에는 크게 세 가지가 있다.

우선, 후보자가 태어나 생활한 곳이 일치하는 '토박이론'이 있다. 상대적으로 국회의원 선거보다 지방선거 출마 후보자가 많이 주장하는 논리이다. 기초의원, 광역의원, 기초단체장 등에게 태어나고 자란 곳은 출마 선거구의 선택지로 정당성을 갖는다. 그만큼 해당 선거구의 사정에 밝고 유권자들과 친숙해 생활 정치인으로 활동하기에도 적당하다는 의미다. 그러나 '토박이론'으로 출마 선거구를 선택하게 되면 친숙함과 당위성은 확보할 수 있는 반면, 후보자에 대한 신선함이나 신비감은 상대적으로 덜할 수 있다. 만약 후보자의 결함이나 단점이 있는 경우라면, 지역 유권자들의 입방아에 오르내리기도 쉽다. 하지만 여전히 '토박이론'은 가장 당위성 있고 일반적인 출마 선거구 선택 방법이다.

주요 정당에서 정당 공천자를 심사하고 관리하는 데 있어서, 해당 선거구 출신자나 연고자를 우선적으로 찾고 있는 것도 같은 이유에서다. 해당 선거구에서 토박이로 살아왔다는 것 자체가 지역 유권자들에게는 친근감으로 다가가고, 선거 전략의 확산성에 있어서도 외지 출신 후보자에 비해 유리하기 때문이다. 적어도 '송어론' 출마 후보자처럼, "선거 때문에 고향 다시 찾아 왔다, 선거철에만 얼굴 보인다."라는 핀잔과 흑색선전은 듣지 않게 된다. 해당 지역에서 토박이로 살다 보니, 자연스레 선거구에는 형제자매 등 친인척이 많이 포진돼 있고, 학교 동문과 친구 등 후보자의 지지자들도 다수 생활하고 있다. 그런 만큼, 후보자의 우군을 기본적으로 확보한 상태에서 선거전에 돌입할 수 있다.

두 번째로, 앞서 언급한 후보자의 출마 지역구를 고향으로 정하는 '송어론'이 있다. 주로 지방에서 상위 학교로 진학한 이후 서울이나 수도권에서 사회생활을 하다가 명성과 출마 명분을 쌓고 나서 고향을 다시 찾는 송어처럼, 후보자 자신의 본 고향에 돌아와 선출직에 출마하겠다는 부류가 이 경우에 해당된다. 지방 출마 희망자들이 서울이나 타지에서 나름의 성공적인 삶을 산 후, 송어처럼 출생지로 돌아와서 고향에 봉사한다는 의미로 선거에 출마하는 것이다. 고향을 떠나 있다가 금의환향하는 모양새로 돌아오기에 후보자가 지역 유권자에게 신선함을 줄 수 있고, 동향에 대한 동질감을 갖고 있기에 지역 유권자들과 스킨십을 쌓기에도 거부감이 없다. 다만, 기존에 해당 선거구에 구축돼 있는 지역 정치권 텃세를 뚫고 들어가기가 힘들다는 단점은 가지고 있다.

자신의 출생지 및 학창 시절을 보낸 지역은 당연히 후보자의 출마 지역구로 손색이 없다. 출생지는 보통 후보자의 부모님에게 고향이거나 사회적 요람이 되었던 곳이다. 그런 만큼 후보자는 고향 출마의 당위성을 자연스럽게 구축하기 쉽다. 또한, 학창 시절의 동기, 동문들이 지지 세력의 기반을 형성할 수 있다. 물론 후보자가 고향을 지역구로 선정하기 전부터 출마를 준비했던 동향 출신의 다른 출마 후보자나 같은 출마 경쟁자들이 있을 경우, 미리 준비하고 있던 토호 세력 정치권에 반감을 살 수 있다. 하지만, 어느 지역구든 기존의 정치 기득권층은 있기에 이것 역시 후보자가 극복해야 할 하나의 요인에 지나지 않는다. 모든 선거구에는 토호 세력이 존재하기에 너무 어려워할 필요는 없다. 상대적으로 수도권에 비해 해당 선거구 출신 입후보자들이 많이 선택하는 방법이다.

세 번째로, '제2 고향론'이 있다. 수도권 출신자든, 지방 출신자든, 출생지나 고향이 아닌 자신의 사회적 명성을 쌓은 지역을 출마 지역으로 선택할 수도 있다. 해당 선거구에서 사업에 성공하였거나, 공무원 생활을 하며 존경받았거나, 사회생활로 지역 유권자들에게 인정받을 만한 명성을 쌓은 지역이라면 '제2 고향론'을 펼치며 출마할 수 있다. 그 해당 지역이 자신의 제2의 고향이라는 마음가짐으로 사회생활에서 나름의 성취를 일구었기에, 그것을 발판으로 해당 지역에 선출직 출마를 고려할 수 있다는 것이다. 그런 이유로 출마를 염두에 두고, 해당 선거구로 이사를 해 주생활 터전으로 관리를 하며 출마를 준비하는 부류가 있다. 주로 지방출신자들이 수도권으로 상경하여 성공적인 삶을 살다가 취하는 출마 지역 선택의 방법이다. 수도권은 영남, 호남, 충청 등 여러 지역의 연고자들이 새로이 뿌리를 내리고 사는 경우가 상대적으로 많기에 제2의 고향으로 정치를 시작하기에는 지방보다 거부감이 덜하다. 개발 성장기에 수도권으로 상경한 사람들이 많아 이향민들 또한 많은 곳이 수도권이다. 이런 후보자들이 제일 먼저 찾는 곳은 자연스레 재경향우회나 재경 동문회가 된다.

또한, 자신의 인생 스토리를 새로운 지역구에 잘 녹이고 그 당위성과 명분을 쌓기 위해 해당 지역과 후보자의 인연을 강조해야 한다. '제2 고향론'을 생각하는 후보자라면 해당 선거구에 대한 후보자의 출마 명분과 연관성을 잘 만들어야 한다. 하다못해 자식들이라도 해당 선거구로 전학을 시켜 학교생활을 하도록 하는 후보자들도 많이 봐왔다. 이 모든 것이 후보자가 유권자들에게 해당 선거구에 대한 애착과 진정성을 보여주는 과정이 되는 것이다.

선거 출마를 두고 '토박이론', '송어론', 혹은 '제2 고향론'을 선택하든, 무엇보다 중요한 것은 출마 후보자의 당선 가능성이다. 당선 가능성을 객관적으로 판단하여 해당 선거구에 자신보다 더 강할 것 같고 인지도가 높은 사람이 출마를 예정하고 있다면, 해당 지역의 출마를 재고하는 것이 타당한 일이다. 또한, 해당 선거구에 연고가 전혀 없거나 출마 명분이 부족하다면, 이 역시도 출마를 고심하여야 할 이유가 된다. 출마 지역구에 따라 후보자가 추진하는 핵심공약과 정책구상이 달라지기 때문이다. 그리고 이에 대한 후보자의 전문성과 이를 추진해내는 능력 또한 출마 지역구 선정에 있어서 주요한 고려대상이 된다. 후보자의 전문성을 가장 잘 녹여낼 수 있는 출마지를 선정하는 것은 후보자의 당선과도 직결되는 사항이다.

무엇보다, 해당 지역구에 출마하였을 때 '무엇이 도움이 되고, 무엇이 방해요인이 될까, 누가 지지해 줄 것이며, 누가 반대할 것인가'를 객관적이고 냉철하게 평가하여 출마 지역구를 선택하여야 한다. 이를 위해 후보자의 지지세를 확보하기 위한 집단과 단체를 명확히 구분해 보는 것도 좋은 방법이 될 수 있다. 일종의 후보자 자신의 득표 계산을 냉정하게 해보자는 것이다. 이처럼 선거 출마지를 선택하는 것은 선거를 준비하고, 선거운동을 전개하는 데 있어 굉장히 중요한 사안이 된다.

우리나라 정치권은 연고주의와 지역주의를 우선순위에 두는 경향이 강하다. 지방으로 갈수록 출신 학교뿐만 아니라, 출생 성씨와 문중의 종파까지 종종 묻는 어르신 유권자들이 계신 것이 사실이다. 그런 만큼 해당 지역에서 한번 시작을 하면 당선이 되든 낙선이 되든 출마한 지역구에서 다른 선거구로 옮기기가 무척 어려운 현실이다. 출마 선거구를 옮기는 후보자 당사자는 여러 이유와 상황에 직면해 있겠지만, 해당 선거구에서 경쟁하는 상대 후보나 그의 지지자들은 자신들의 울타리에 적대적 경쟁 상대인 다른 후보자가 넘어왔다는 소위 '철새론'을 주창하기도 한다. 물론, 정치 거물인 후보자가 정당의 주요 전략 요충지로 지역구를 옮겨야 하는 외부 상황도 있을 수 있지만, 정치를 시작한 자신의 선거 출마지역을 바꾼다는 것은 그만큼 후보자의 정치적 결단을 필요로 하는 어려운 일이다. 첫 출마 선거구를 선택하는 것은 정치인으로 후보자의 뿌리를 내리는 일이 되기 때문에 무엇보다 중요한 결정 사안이 된다. 우리가 어머니 뱃속에서 태어나 삶을 시작했다면, 출마를 시작하는 선거구에서 후보자는 비로소 정치인으로 처음 태어나는 것이다.

제5계. 체급선택(體級選擇)

나는 남 탓을 할 수 없다.
왜냐하면 내가 최종 책임자이기 때문이다.
어찌되었건, 책임은 나에게 있다.

버락 오바마

우리나라에서 선출직 선거에 출마한다고 하면, 대통령선거와 교육감 직선제선거를 제외하고는 보통 지방선거와 국회의원 선거를 떠올린다. 지방선거와 국회의원 선거는 모두 임기를 4년으로 하고 있고, 2년을 주기로 교차식으로 선거를 시행한다(2014년-제6회 지방선거, 2016년-제20대 국회의원 선거, 2018년-제7회 지방선거, 그리고 2020년-제21대 국회의원 선거가 그러했다). 또한, 지방선거와 국회의원 선거는 시기적으로 전국의 각 선거구에서 정당 공천자와 무소속 출마 희망자들이 대거 선거 출마를 준비하기에 가장 입후보 예상자가 많을 때이고, 그만큼 선거 관계자들과 선거 관련 종사자들도 가장 분주할 때다.

많은 사람들이 나오는 만큼 상대를 잘 가려서 당선 가능성을 예측해야 하고, 그 상대 후보자와 선거구에 걸맞은 후보자의 출마 체급을 정해야 한다. 계란으로 바위 치기 같이 무모하게 자신의 출마 체급을 높여서도 안 되지만, 장관급 이력을 가진 자가 기초의원 선거에 하향지원해 출마하는 것도 유권자들로 하여금 후보자의 입후보에 대해 의구심을 갖게 한다. 비슷한 기준과 경쟁력을 가진 후보끼리 경쟁하여 지역 유권자들의 선택을 받는 것이 선거라는 본연의 목적에도 일치한다고 하겠다. 그러므로 자신의 출마 체급을 국회의원 선거에서 국회의원 후보로 정할 것인지, 지방선거에서 단체장(시도지사, 시장, 군수)으로 정할 것인지, 혹은 광역의원이나 기초의원으로 정할 것인지를 명확히 하고 선거 준비에 임해야 한다. 출마 체급을 정함에 따라 후보자의 선거운동 지역과 유권자의 분포와 구성, 선거 운동의 규모와 예산, 방향과 목적이 서로 상이하게 된다. 마치 권투선수가 시합 전에 어떤 체급으로 출전을 준비하느냐에 따라 그 훈련 방법과 준비과정이 다르게 결정되는 것과 같은 이치이다. 모든 직선제 선거가 국민과 유권자의 선택을 받는 준엄한 선거임은 분명하나, 출마를 준비하는 후보자의 역량과 수준에 맞는 출마 체급을 정하는 것은 후보자의 선거 운동을 위한 선제조건이 된다. 후보자 자신의 이력과 지역, 선거비용, 상대 경쟁 후보, 정당 공천 여부와 당선 가능성 등 후보자의 모든 내외적 상황과 현실을 종합적이고 객관적으로 판단해야 한다.

국회의원 선거에서는 체급이 같은 지역구 국회의원과 비례대표 국회의원을 포함해 총 300명을 뽑는다. 하지만, 기초의원, 광역의원, 기초단체장, 그리고 광역 단체장으로 구분되어 치러지는 지방선거의 경우는 조금 복잡할 수 있다. 중앙 정치를 준비하는 출마 희망자들은 2년 후 시행되는 기초단체장 선거에 나갈지, 혹은 국회의원과 광역단체장 선거를 나갈지를 두고 고민을 한다. 즉, 기초의원-광역의원-기초단체장-국회의원·광역단체장 선거에서 후보자는 어느 체급에 맞추어 나갈지, 현역 기초의원이 체급을 올려 광역의원에 나간다면 어떤 형식과 선거구를 택할지를 두고 선택의 기로에 서게 된다. 체급이 달라질수록 선거구의 범위도 달라지고, 선거운동을 해야 할 유권자 수도 달라지며, 한정된 선거비용도 달라진다. 그에 따른 선거 전략도 완전히 달라지는 셈이다.

그렇다면, 후보자의 출마 체급은 무엇으로 정할 것인가? 주로 판단의 기준이 되는 것은 후보자가 생활 정치를 하고 있는지, 아니면 중앙정치를 하고 있는지의 유무다. 일상적인 생활을 하면서 우리 주변의 소외된 이웃을 챙기거나, 추진해야 할 생활정책들의 시행에 앞장설 수 있다면 기초의회와 기초단체장을 선택하는 것이 맞다. 반면, 입법 활동에 참여하여 자신의 시, 군, 구의 목소리를 대변하고 광역의회 입법을 주도하며, 광역시·도에 대한 예산권과 의사결정 권한을 발휘할 능력이 된다면 광역의원을 선택할 수 있다. 최근에는 기초의원의 경험을 발판으로 광역의원의 체급에 도전하고 나서, 광역의원에서 기초단체장이나 국회의원으로 체급을 올리는 경향이 늘어나고 있다. 물론, 본래의 체급을 유지하며 재선을 목표로 선거를 준비하는 후보자도 많다. 동일한 체급에서 재선을 거듭하고 다선이 되어, 시의회나 도의회의 지도부, 위원장, 의장 등의 직함을 준비하는 후보자도 있기 때문이다. 기초의원에 비해 광역의원은 생활 정치의 깊이는 다소 덜해지는 반면에 정치적인 색채가 짙고, 선이 굵은 의정 활동을 한다.

기초의원에게는 정당 공천도 중요하지만, 작은 선거구 유권자들 한 사람, 한 사람과 맺는 친밀도가 당락을 크게 좌우한다. 즉, 지역주민들과 친밀도가 높아서 지속적으로 좋은 관계를 유지하여 지지도를 유지한다면, 중앙 정치권과는 다소 거리를 두더라도 재선의 확률은 그만큼 높아지는 것이 기초의원이다. 또, 후보자가 소속돼 있는 중앙 정당의 지지율이나 사건사고에 상대적으로 영향을 덜 받는 것이 기초의원 체급이기도 하다. 그런 이유로 어설프게 광역의원 초선 활동을 하는 것보다 기초의원으로 재선, 삼선에 당선되며 지역 유권자들과 소통을 이룬다면 향후 광역의원을 거치지 않고도, 기초단체장이나 국회의원 체급으로 갈 수 있는 기회가 찾아올 수도 있다. 기초의원이지만, 자신의 선거구를 탄탄히 관리하겠다는 전략을 쓰는 것이다. 보통 1명의 국회의원이 담당하는 지역구에는 2~3명의 광역의원과 8~12명의 기초의원들이 선출직 자리를 배정받아 각 선거구를 형성한다.

또한, 기초의원은 광역의원에 비해 상대적으로 화려한 이력을 필요로 하지 않는다. 그렇다고 기초의원 선거가 결코 쉽고 가볍다는 뜻이 아니다. 세상에 쉬운 선거는 없다. 기초의원은 선거구가 좁은 반면에 그만큼 유권자들과 더욱 친밀도가 높아야 하고 지역에 밝아야 한다. 기초의원은 광역의원에 비해 밖으로 보이는 외형적 형식보다는 지역 유권자들에게 내실 있는 후보의 됨됨이를 보이는 경향이 크다. 이에 유권자들은 기초의원 희망자의 명함에 적힌 주요 이력보다도 후보의 열정을 중요시한다. 지역을 누가 더 깨끗하고 청결하게 유지해 줄 것이며, 누가 우리 아이들 등하굣길을 안전하게 해 줄 것인가라는 아주 근원적인 표심에서 당선 결과가 갈리는 경우가 많다. 그런 이유로, 상대적으로 수도권에 비해 지방에서 시행되는 기초의원 선거는 뛰어난 학력이나 배경을 가진 이력의 소유자보다 해당 선거구에서 오래 활동을 하거나 소통의 폭을 넓힌 인물이 곧잘 당선된다.

반면, 광역의원은 상대적으로 중앙 정치권의 영향을 받기 마련이며, 국회의원이 담당하는 지역위원회(당협위원회)의 큰 부분을 담당하기에 후보자 개인의 이력이나 정치적 내공이 제법 필요한 체급이라 할 수 있다. 광역의원을 경험한 거의 모든 후보자들은 군수나 구청장, 기초시장 등의 기초단체장으로의 체급 상향을 원한다. 기존 기초단체장의 선거구가 2, 3개로 나뉘어 광역의원의 선거구를 형성하고 있으니, 선거운동을 하고 관리할 지역적 범위도 광역의원과 기초단체장이 크게 차이가 나는 것도 아니다. 그런 이유로 광역의원의 경험을 살려 기초단체장으로 체급을 올리는 후보를 선거철마다 종종 볼 수 있다. 광역의원이나 기초단체장에 입후보하는 후보자는 다수이지만, 기초단체장은 어느 지역이든 단 한 자리뿐이다. 광역의원이 기초단체장을 희망할 때 우선적으로 고려해야 할 사안은 '현 기초단체장을 후보자가 이길 수 있느냐'다. 현 기초단체장의 업적이 뛰어나고, 그를 향한 지역 유권자들의 지지가 여전히 높다면, 그보다 뛰어나고 좋은 정책이나 추진력을 갖춰야 한다. 만약 현 기초단체장이 흠결이 있거나 인기가 떨어져 있다면, 유권자들에게 새롭게 선택받을 만한 능력이 후보자에게 있느냐가 체급 선택의 주요 사안이 될 것이다.

기초단체장과 국회의원 선거 사이에서 출마를 고민하는 출마 예정자들이라면, 현 단체장과 국회의원을 비롯한 후보군들의 경쟁력, 해당 선거구의 선거 환경과 정치 상황, 출마 예정자의 준비 현황과 당선 가능성 등을 종합적으로 고민하여 출마 체급을 저울질해야 한다. 모두가 당선을 위해 출마하지만, 용호상박의 결전을 통해 당선자와 낙선자가 나누어진다. 물론, 낙선자가 절치부심하여 2년 후나 4년 후의 지방선거, 혹은 국회의원 선거에 다시 도전하여 화려하게 재기에 성공하는 경우도 보아왔다. 즉, 지방선거 낙선자가 2년 뒤 국회의원 선거에 출마하여 당선이 되는 경우도 많다.

　체급을 정해서 선거에 임하게 되면 그만큼 혼신의 힘을 다해 선거운동을 해야 한다. 권투시합을 보더라도, 체급에 맞는 선수끼리 경기를 해야 관중들이 환호를 하고 해당 선수를 응원하기 마련이다. 헤비급 선수가 경량급 경기에 나와도 웃긴 일이지만, 경량급 선수가 헤비급 시합에 나가도 유권자들은 안타까워한다. 경량급 선수가 체급을 높여 경기에 나가고 싶다면 실력과 이력, 경험 등 경기에 필요한 여러 사항들을 더욱 연마하여 체급을 높여야 한다. 준비가 덜된 경기가 자칫 선수 생명을 단축시킬 수 있는 것처럼, 체급에 맞지 않는 선거출마는 후보자의 정치적 행보에 결정적인 영향을 미친다는 것을 염두에 두어야 한다. 출마를 준비하고 있는 후보자의 체급은 누구보다도 후보자 본인이 제일 잘 안다. 그리고 출마하는 선거구나 체급이 무엇이든, 당선이 최종 목적이 되어야 한다.

제6계. 정당선택(政黨選擇)

자신은 할 수 없다고 생각하는 동안,
사실은 그것을 하기 싫다고 다짐하고 있는 것이다.

———

스피노자

우리나라는 시·도 교육감 선거를 제외하고 공무직을 선출하는 거의 모든 선거에 정당공천제를 시행하고 있다. 중앙당이 전문적이고 합리적인 인물을 발굴하여 해당 선거구에 공천하고, 선거 결과에 따라 중앙당과 공천을 받은 후보자가 함께 책임 있는 의정활동을 실천한다는 것이 정당공천제의 취지이다. 특히, 지방선거 때마다 지방자치제도를 실현하는 기초의원과 기초단체장에 대한 정당공천제도의 실효성과 적정성 논란이 선거법 개정을 불러일으키고 있다. 물론 정당공천제에 대한 폐습과 단점이 매 선거철마다 제기되고는 있지만, 국회 교섭단체를 이루는 주요 정당에게 선거법을 만들고 선거 룰을 정하는 책임이 있기에, 정당공천제는 계속 유지되고 시행될 것이다.

개인의 소신이나 지역의 요구에 의한 무소속 출마를 처음부터 결정한 극소수의 출마 희망자를 제외하고는, 선거를 준비하는 사람이라면 거의 모두 선관위에 등록된 주요 정당에서의 공천을 희망하고 이에 공을 들인다. 특히나, 당선 확률이 높은 주요 원내 정당의 후보자가 되기를 바라는 경우가 많다. 지역구도와 이념논리에 대한 논쟁은 차치하더라도, 출마할 정당을 선택하는데 있어 후보자의 정치적 소신과 해당 정당이 지향하는 정당의 정치적 가치관이 일치하는 것이 좋다.

  선거를 준비하고 정치를 시작하려는 사람에게는 정당 선택이 무엇보다도 중요한 출발점이 되는 동시에 안전한 둥지가 된다. 사람이 태어나면 아버지의 성씨를 자연스레 물려받아서 삶을 시작하는 것처럼, 정당을 선택하는 과정은 출마 후보자의 정치 이념과 방향, 그리고 정치관을 규정하는 것이기에 매우 중요하다. 정당이라는 것이 같은 정치적 지향점을 공유하는 사람들끼리 모여 있는 집단이기 때문에, 개인의 소신보다는 당론을 따라야 할 때가 많다. 또한, 후보자가 선거구에서 소통할 어젠다를 함께 공유하는 것이 정당이고, 경우에 따라서 후보자가 여론의 지탄을 받거나 상대진영의 공격을 받을 때는 후보자를 보호해 주는 것도 정당의 역할이다. 그런 이유로 정치인은 특정 정당의 당원이 되어 정치행위를 하고, 자신의 정당에서 안팎으로 성장하고 몸집을 키워 주요 당직을 맡는가 하면, 전당대회에 도전하여 당을 대표하는 요직에 진출하기를 염원한다.

그런 의미에서 입당은 물론이거니와 탈당이나 새로운 당을 만들어 함께 공동의 목적을 도모하는 창당, 그리고 특정한 사유로 정당을 탈당했다가 다시 해당 정당에 복귀하는 복당 행위 모두가 후보자의 진중하고 준엄한 행위가 되어야 한다. 정치인인 후보자의 입당, 탈당, 창당, 복당 등은 모두가 후보자의 정치행위로 남기 때문이다. 이러한 정치행위는 후보자 자신의 둥지와 거처를 옮기는 작업이기에 절대 후보자 혼자만의 결단으로 이루어져서는 안 된다. 자신이 속해 있는 해당 지역 유권자들과 지지자들의 공감 속에서 행해져야 하고, 그것이 민심에 반하거나 후보자 개인의 사익을 추구하게 될 때는 다음 선거에서 분명히 반대여론의 표로 유권자들의 심판을 받게 된다. 정당은 정치인에게 있어서 가족 간의 족보와 같은 것이다. 둥지이고, 동시에 발자취가 된다.

그렇다면, 어떤 기준으로 후보자는 정당을 선택할 것인가? 물론 후보자의 정치적 신념을 최우선으로 놓고 고려해야 할 것이다. 우리나라는 크게 진보와 보수, 좌파와 우파로 정치지형이 나누어져 있다. 경우에 따라서는 실용주의나 개혁 중도라는 이름으로 중간지대 정당이 등장하기도 하지만, 미국의 공화당과 민주당처럼 양쪽 진영으로 나눠져 있는 것이 기본적인 형태이다.

중도 진영이라는 개념 역시 정치적 상황과 시대정신에 따라 좌파와 우파의 정책과 이념을 선택적으로 취하는 영역이라고 한다면, 우선은 후보자가 본인의 정치적 신념이 좌파인가, 우파인가 혹은 합리적 진보인가, 합리적 보수인가 등의 기초적이고 본질적인 고민을 해 보아야 한다.

안보와 복지, 경제 그리고 사회 문제를 바라보는 시각에 따라 정치적 신념이 달라질 수 있다. 출마 희망자의 안보관이 대한민국의 안전을 최우선으로 하는 원칙론인지, 한반도 평화를 위해 유연한 협상론인지가 대체로 안보적 가치의 기준이 된다. 또한 복지문제는 제한된 예산 안에서 소외계층과 수요자 중심의 선택적 복지정책을 추진하여 예산의 선택과 집중에 기인할 것인지, 보편적 복지정책으로 나아가는 방향을 잡고 수혜자의 전체 범위를 키워갈 것인지를 고민해 보면 된다. 즉, 선택적 복지와 보편적 복지에 대한 후보자의 입장을 고민해 봐야 한다. 경제문제에 있어서는 양적 성장주도의 정책을 펴서 경제주체들의 동력을 살려주는 정책을 펼 것인지, 혹은 질적 분배문제에 집중할 것인지를 놓고, 경제행위에 국가의 개입과 자유주의적 경쟁체제에 대한 후보자의 소신을 고민해 보면 될 것이다. 즉, 자유주의 경제정책에 있어서 국가의 개입 범위와 적용 대상 국민을 생각해 보면 후보자의 이념이 거의 판가름 된다. 물론, 사안에 따라 다른 해석이 나올 수 있다. 경우에 따라서는 선별적으로 좌우

상대 진영의 정책을 선택하여 도입하거나 더욱 집중적으로 확장하여 지원하는 경우도 있으며, 상황에 따라 개조·개선하여 취사선택하는 경우도 있다.

정당공천을 원하는 출마 후보자라면 자신의 정치이념을 정리해 보는 작업 또한 필요한 절차이다. 물론 경우에 따라 같은 정당 안에서도 사안에 따라 소속 정당의 구성원들이 목소리가 다를 수 있고, 이 과정에서 치열하게 논쟁을 하기도 한다. 치열한 당내 민주주의 과정을 거쳐 정당의 공통과제인 당론이 수립되는 것이기에, 후보자 역시 소속 정당에서 자신의 목소리를 낼 수 있는 정당 정치의 일원이 되어야 하는 것이다.

정치적 신념이 되는 또 다른 기준으로는, 대통령과 정당지지도에 따라 정당공천의 입후보 희망 정당이 달라질 수도 있다는 점이 있다. 특정 정당이 인기 있는 지역구(地域區)가 영호남에 분명히 존재하는 것이 대한민국의 현실이다. 또한, 후보자의 정치적 소신보다는 공천가능성을 보고 정당공천을 받아 최종 본 선거에 입후보하는 경우도 있다. 기존 정당의 공천에서 낙천하고 탈당하여 다른 당의 공천을 받아 입후보하는 후보자도 있고, 경우에 따라서는 공천자 선정 과정의 문제와 반발 등으로 공천에 탈락한 후보자가 공천을 받은 후보자를 상대하기 위해 특정 정당에 입당하는 사례도 종종 보아 왔다. 대표적인 사례가 1997년

15대 대선 당시 한나라당 이회창 후보와 이인제 후보의 경우다. 대통령 후보 당내 경선과 공천에 대한 불만으로, 이인제 후보가 한나라당을 탈당하고 국민신당에 입당하여 대통령 선거에 나온 경우를 떠올릴 수 있다.

일반적이지는 않지만, 후보자의 소신에 따라 처음부터 무소속으로 나와서 유권자들의 선택을 받아 당선된 후에 특정 정당에 들어가는 경우도 있다. 경우에 따라서는 무소속이 특정 정당 후보를 압도하는 사례들이 인상 깊게 유권자의 뇌리에 남기 때문이다. 특정 선거구에서 공천을 받을 후보자가 유력하거나, 혹은 해당 선거구에서 공천가능성이 애초부터 낮은 반면 후보자에 대한 유권자의 지지세가 확고한 후보자라면, 무소속 출마도 고려해 볼 만한 선택지가 된다. 2016년 제20대 총선 당시, 민주당 김종인 비대위원회에서 컷오프 당한 공천대상자가 무소속으로 세종시 선거구에 출마하여 정당 공천을 받은 주요 정당의 후보자를 이기고 국회에 입성한 후, 민주당에 복당한 사례가 이에 해당한다.

공천 작업에 관해서는 추후 다시 언급하도록 하겠다. 하지만, 선거가 거듭될수록 특정 지역에서조차 특정 정당의 공천이 곧 당선이라는 공식이 예전에 비해 많이 깨어지고 있는 것이 현실이다. 과거에 영남은 보수정당, 호남은 진보정당의 공천이 곧 당선이라는 인식이 컸고, 결과 또한 그러했다. 하지만, 정당 공천보다 입후보자의 됨됨이나 주요 공약, 또는 정책을 보는 유권자의 인식 변화가 정당의 지역색을 예전보다는 옅어지게 하고 있는 것이 사실이다. 호남에서 보수 진영 후보자가 당선되고, 영남에서 진보 진영 후보자가 당선되는 사례들이 부쩍 늘어난 것이다. 유권자들이 정당보다는 후보자 본위의 지혜로운 투표를 하고 있다는 반증이다. 2018년 제7회 지방선거에서는, 전국 최다선 기초의원이 8선의 무소속 의원이었으며, 보수 세력이 대통령 탄핵 상황 등과 맞물려 몰패를 할 때에도 제주도지사는 보수성향의 원희룡 무소속 후보자가 당선된 사례가 있었다. 출마할 정당 선택에 있어서 해당 정당의 지지도나 이미지 못지않게 중요한 것은, 출마 당사자인 후보자는 유권자들의 선택을 받기 위해 가장 좋은 상품이 되어야 한다는 것이다.

2

—

이해
(理解)

제7계. 1표압승(一票壓勝)

투표는 총알보다 빠르다.
투표는 총알보다 강하다.

———

에이브러햄 링컨

선거를 일컬어 국민에게 위임받은 권한으로 민주주의를 실현시키는 대의민주주의의 꽃이라고도 한다. 인류가 출현한 이래 다수결의 원리를 기본원리로 하는 가장 민주적인 제도가 바로 선거다. 즉, 복수의 대상을 놓고 어떤 합의된 해결점을 찾아갈 것인가를 풀어가는 선택의 과정이다. 선거에는 여러 방식과 룰이 있지만, 결과에 있어서는 1표라도 많이 얻은 쪽이 이기는 것이 선거의 기본 원리이다. 즉, 소선구제를 하든 중대선거구제를 하든, 득표수로 집계되는 유권자들의 표심을 1표라도 더 많이 받은 진영이 당선되는 것이다.

선거의 과정과 결과는 물론 공정하고 투명한 원칙 아래 관리되고 적용되어야 한다. 기본적으로 현대 민주 정치에는 4대 원칙이 존재한다. 1) 일정한 연령에 도달한 국민이라면 누구나 선거권을 부여받아야 한다는 보통 선거의 원칙이다. 과거에는 성별, 인종, 재력 등에 따라 선거 참여가 제한되기도 하였으나, 보통 선거가 확립된 이후에는 모든 시민이 선거에 참여하여 투표권을 행사할 수 있게 되었다. 2) 선거에 참여하는 모든 유권자가 동등한 가치를 지닌 표를 행사해야 한다는 평등 선거의 원칙이다. 과거에는 소유 재산이나 신분에 따라서 표의 가치에 차등을 두기도 하였지만, 오늘날 대부분의 민주 국가에서는 차등 선거가 사라지고, 1인 1표를 행사한다. 3) 대리인을 통하지 않고 유권자가 직접 투표소에 나가 투표해야 한다는 직접 선거의 원칙이다. 대리투표를 허용하면 후보자 측에서 대리인을 매수하여 유권자가 지지하지 않는 다른 후보자에게 투표하게 하는 등 부정한 요인이 발생할 가능성이 있다. 따라서 유권자는 유효한 선거일에 선거권을 반드시 직접 행사해야 한다. 4) 유권자가 어느 후보에게 투표했는지 다른 사람이 알지 못하도록 비밀을 보장해야 한다는 비밀 선거의 원칙이다. 만약 투표 내용이 공개된다면 유권자는 특정 후보에게 표를 주도록 강요받을 수 있고, 선거 결과에 따라 특정 후보를 지지하지 않았다는 이유로 소외되거나 불이익을 받을 수 있다. 따라서 유권자가 자기 의사에 따라 자유롭게 선거권을 행사할 수 있도록 비밀 선거의 원칙이 지켜져야 한다.

선거에서 선거 결과를 예측하는 것은 후보자의 현재 위치를 파악하는 가늠자가 된다. 그러나 때로는 기존의 여론조사나 예상과는 달리 반전의 결과를 가져오기도 하기에 예측이 그만큼 어려운 것이다. 일례로, 2010년 서울시장 선거에서 당시 오세훈 서울시장 후보는 젊은 이미지에 잘생긴 외모, 현역 서울시장 임기의 경험을 살려 무난하게 재선 당선을 바라보고 있었다. 이에 반해, 야당의 한명숙 후보는 전 정권의 실세 총리라는 화려한 이력으로 지방선거 판도를 좌우할 서울시장 자리를 탈환할 사명으로 맞서게 된다. 당시 오세훈 한나라당 후보와 한명숙 민주당 후보가 맞대결을 펼쳤는데, 선거를 앞두고 판세는 이미 기운 것처럼 보였다. 지방선거를 일주일 앞둔 상황에서 발표된 KBS, MBC, SBS 방송 3사 여론조사 결과 때문이다. 방송 3사가 실시한 선거일 기준 7일 전 여론조사 결과에서, 오세훈 후보는 50.4%, 한명숙 후보는 32.6%로 조사됐다. 두 후보자의 지지율 격차는 17.8% 포인트에 달했다. 이러한 결과가 불과 지방선거 일주일을 앞두고 주요 방송 3사 메인 뉴스를 통해 전달됐다. 오세훈 후보를 지지하거나 한명숙 후보를 지지하는 시민들은 어떤 느낌이었을까.

하지만, 실제 개표는 또 하나의 반전을 예고하고 있었다. 개표가 본격적으로 진행되면서 한명숙 후보가 오세훈 후보를 앞서 나가기 시작한 것이다. 개표가 시작되고, 선거 당일 오후 10시

20분에 시작된 한명숙 후보의 우세는 자정을 넘긴 이후까지 무려 5시간 넘게 이어졌다. 한명숙 후보의 선거 승리가 예견되자 당시 한나라당 지도부는 "국민의 기대에 못 미쳤다."는 낙선 입장을 밝혔다. 서울시장 탈환이 기정사실로 다가오자 민주당은 '국민적인 준엄한 승리'라는 논평을 내놓기도 했다. 실제 양 후보 캠프에서는 다음 날 아침 조간신문에 실릴 당선과 낙선 인사말을 각 언론사에 배포하기까지 하였다. 누가 봐도 표차가 좁혀들 기미가 보이지 않았기에 후보자를 비롯한 오세훈 선거캠프 핵심 당직자들은 선거 개표 상황실에서 자리를 떴고, 지지자들도 선거사무실에서 발걸음을 돌리기 시작했다.

그러나 선거 다음날 새벽 4시 경, 생각하지도 못한 상황이 벌어졌다. 오세훈 후보가 한명숙 후보를 앞서 나가기 시작한 것이다. 당시 한나라당 강세 지역이었던 서초구 개표가 뒤늦게 이뤄지면서 오세훈 후보는 탄력을 받았고, 그 힘으로 또 다른 대역전 드라마의 주인공이 될 수 있었다. 최종 개표 결과는 오세훈 후보 208만 6127표(47.43%), 한명숙 후보 205만 9715표(46.83%)로 오세훈 후보의 0.6% 포인트 승리였다. 오세훈 후보의 서울시장 당선 확정 소식이 뉴스 속보로 전해진 시각은 선거 다음날인 6월 4일 오전 8시 26분이었다. 여론조사에서 절대적으로 앞서던 오세훈 후보가 정작 본 개표에서는 줄곧 뒤지다가, 막판에 예상치 못한 반전의 연속을 보여준 선거였다. 1표의 소중함을 현장에서 직시하게 된 값비싼 사례라 하겠다. 이 밖에도 2008년 강원도 고성군수 보궐선거에서 황종국 후보가 윤승근 후보에게 단 1표 차로 당선된 사례가 있고, 제 16대 총선에서는 한나라당 박혁규 후보가 새천년민주당 문학진 후보에게 2표 차이로 당선된 사례도 있다. 모두 유권자 1표의 중요함을 보여주는 사례들이다.

1표를 이기는 선거. 참 단순하면서도 어려운 목표다. 선거는 항상 상대가 있는 대결이기에, 상대 후보자 역시도 1표 이상을 앞서기 위해 혼신의 힘을 다하기 때문이다. 1표의 절실함을 후보자는 가장 잘 안다. 선거에서는 1표 차가 곧 '압승'이다. 즉, 1표 차이든 만 표 차이든 이기면 당선이고, 지면 낙선이다. 그러나 유권자 1표의 향방을 판단하는 것은 쉽지 않은 일이다. "저 사람은 분명 나를 찍을 것 같은데, 투표 당일 투표용지를 보여 달라고 할 수도 없는 노릇이고, 내가 사는 아파트 단지는 그래도 나를 지지해 주겠지."라는 막연한 희망사항을 전략에 녹이기도 한다. 하지만, 유권자의 속은 알 수가 없다. 그래서 표 계산이 힘들다. 그렇기 때문에 더욱, 표 계산은 제일 짜고 냉정하게 해야 한다. 그래야 비로소 남은 선거운동 기간에 후보자가 해결해야 할 숙제가 보이기 시작한다. 후보자는 자기 자신이 1표 차로 질 수도 있다는 마음가짐으로 선거에 최선을 다해 임해야 한다. 유권자는 후보자의 몸짓 하나, 혹은 언론 기사 한 줄에 따라서도 다른 선택을 하기 때문이다. 후보자가 매사에 최선을 다하는 것이 선거운동을 잘 하는 것이다.

무엇보다 중요한 것은 후보자가 만들어 낼 수 있는 지지자들의 표심이다. 인지도를 지지도로 만들어 내는 과정이 선거운동이고, 그 결과가 득표인 것이다. 인지도만 좋다고 해서 이것이 투표로 이어지고, 득표로 연결되는 것도 아니다. 우리는 종종 유명한 방송인이나 명망가들이 입후보한 선거에서 실망스러운 선거운동 과정이나 결과를 목도하곤 한다. 적지 않은 경우에, 선거 출마자나 출마예정자에 대한 여론조사나 인지도 조사에서 투표일 전 여론조사와 투표당일 선거결과가 다르게 나온다. 여론조사 샘플이나 표본에 대한 오차가 크거나 왜곡되어 그런 결과를 가져오기도 하지만, 해당 후보자를 아는 것과 지지하는 것은 엄연히 다르기에 여론조사와는 다른 결과가 만들어지는 것이다.

그러기에, 표의 결집성도 중요한 것이다. 이념에 따라, 세대에 따라, 혹은 공약에 따라 지지하고 반대하는 진영이 생겨나지만, 재벌이든 노숙자든, 혹은 수도권에 살든 지방에 살든, 선거권이 있는 우리나라 국민이라면 누구나 1인 1표의 참정권을 가진다. 후보자는 대중적인 선거 운동을 하되, 표심의 충성도와 집약도가 큰 유권자들을 많이 확보해야 한다. 보수-진보의 큰 스펙트럼 안에서는, 왼쪽이든 오른쪽이든 치우쳐 있는 후보가 그 영역에서 표심이 강하다. 즉, 후보에 대한 지지세가 열정적이다. 반면에, 중도 쪽에서 폭넓은 인기도를 보이는 후보는 대중적인 인지도에 비해 표에 대한 충성도가 상대적으로 덜하다. 후보자의 도덕적 문제나 후보자 정당의 실책이 있을 때는 그 표심이 돌아서기도 쉽다. 충성도가 높은 유권자들은 향후 후보자가 또 다른 선거를 준비할 때도 후보자에게 가장 먼저 힘이 되어주는 밑거름이 된다. 당선인이 된 후에도 유권자와 지지자들을 위해 모범적인 의정활동을 하는 것이 진정한 승리다.

제8계. 승자독식(勝者獨食)

정치가는 스스로 정치적 포부나
신념에 입각해서 국민의 지지를 획득하고
그 신념의 구현을 위해 투쟁하며 그 결과에 대해서
국민에게 책임을 져야 한다.

막스 베버

투표 당일, 투표가 마무리 되어갈 즈음, 후보자의 선거사무실
은 서서히 자원봉사자와 지지자 등 사람들로 붐빈다.

일정한 선거운동 기간 동안, 언론이나 후보자 쪽에서는 투표
일 직전 여론조사 결과를 유권자에게 공표할 수 없으니, 후보자
를 응원하는 유권자들과 지지자들은 깜깜 무소식인 선거결과에
더욱 조바심이 난다. 이기고 있다고 생각하는 선거 캠프에는 사
람들이 더 몰리고, 그 뒤를 추격하는 선거캠프에도 막판 뒤집기
를 기대한 사람들이 모여든다. 그러다가, 투표 종료 직후 주요
언론사 출구조사 결과가 나오거나 투표함 개표가 시작되어 승
부가 나기 시작하면, 이기는 선거캠프에는 더욱 사람이 몰리고,

지고 있는 선거캠프에는 사람들이 빠지기 시작한다. 모든 사람들은 자신이 지지하거나 응원하는 쪽이 이기길 바라고, 잘 되길 바란다. 하지만, 투표 당일 선거캠프에는 평소에 후보자를 지지했던 지지자들만 모이는 것이 아니다. 후보자의 체급이 높을수록, 소위 지역 유지라고 하는 관계자들과 단체, 협회를 대표하는 사람 등 많은 부류의 사람들이 몰려든다. 후보자를 중심으로 선거운동 기간에 함께 응원하고 고생한 지지자들의 연대감 내지는, 선거운동 마지막까지 최선을 다한 지지자 자신의 확고한 신념을 확인하는 시간이다. 선거캠프에 모인 사람들 모두 후보자를 열렬히 지지했다. 지지자들 또한, 그리 믿는 것이 맞다. 후보자는 어려운 시기에 후보자를 믿고 도움 주신 분들에 대해서는 더욱 머리를 숙여야 한다. 선거운동 기간에 후보자보다 더욱 열심이었던 배우자나 자식은 물론이고, 후보자 선거사무실이 있는 건물의 청소아주머니에게도 감사함을 표해야 한다. '고맙다, 감사하다'라는 표현에서 인심 난다고 했다. 항상 겸허한 자세로 선거 전이든 선거가 끝나고 나서든, 어깨에 힘부터 빼고 눈이 마주친 유권자에게는 무조건 감사와 답례의 인사를 해야 한다.

반면, 패색이 짙은 선거사무소는 기본적인 선거 스텝을 빼고는 사람들이 빠져 나가기 시작하고, 사무실 공기마저 을씨년스럽다. 낙선을 예감하는 후보자는 그래도 유권자들 앞에서는 당당한 모습을 보일지, 위로를 받는 것이 맞을지 고심한다. 그저 안타까운 상황이다. 지지자들도 잘 보이지 않는다. 후보자의 핸드폰에는 위로문자만 쌓여간다. 낙선한 후보자에게 전화를 거는 일마저 망설여지기 때문에 보통 문자로 낙선 위로를 많이 보내온다. 지지자는 안타깝고, 더 힘을 보태주지 못한 마음에 자리를 비켜주는 것이고, 선거 캠프 안에는 더 열심히 하지 못했다는 암묵적인 반성의 기류가 흐른다. 이 때문에라도, 어떤 후보자든 선거 출마를 했으면 무조건 이겨야 한다는 말이 있다.

이 책을 보는 후보자는 부디 이기는 선거를 해야 한다는 간절함을 가지면 좋겠다. 선거에 출마하였다가 낙선을 하면, 낙선자는 한동안 낙선 인사를 하며 선거구를 돌아야 한다. 선거운동 기간에는 심신이 피로해도 당선의 희망을 상상하며 극복할 수 있었지만, 낙선 결과를 받아들인 후 다니는 선거구 낙선인사는 그야말로 고역일 수밖에 없다. 몸도 힘들고, 마음도 힘들어서 다 그만두고 혼자서 쉬고 싶은 생각밖에 없지만, 그래도 후보자를 지지해준 유권자가 있기에 낙선인사마저도 후보자가 치루는 선거운동의 연속인 셈이다. 그런 와중에도 선거에는 졌지만, 유권자에게 깊은 인상을 남기는 후보자들도 있다. 대표적으로 노무현 전(前)대통령이 그런 경우가 될 것이다. 그는 수많은 크고 작은 선거에서 낙선을 많이 경험한 정치인이다. 하지만, 그동안의 낙선의 아픔을 씻어내는 당선으로 결국 대통령 선거라는 긴 여정에서 결과적으로는 승리한 후보자가 되었다. 또는, 지방선거

70

의 기초단체장 선거에서 떨어진 후보자가 불과 2년 뒤 선거에서 상대 정당의 현역 국회의원을 이기고 국회의원이 되는 사례들도 우리는 자주 보아왔다. 그러나 대부분의 경우, 정당의 공천을 못 받아서 낙천을 하거나 당내 경선에서 졌다면 몰라도 본선거에 나가 낙선하게 되면 후보자에게는 타격이 크다. '다음에는 될 것이다', '더 큰 정치하면 된다' 등의 위로를 받더라도, 결국 행복한 패자는 없다.

일단, 돈을 많이 썼다. 그리고 낙선을 했음에도 회계처리를 하며 선거홍보물에 대한 잔금과 더 늘어가는 부채 등이 청구된다. 선거에 진 것도 억울한데, 영수증만 쌓여간다. 또한, 가족들 볼 낮이 없다. 선거를 준비하면서 가장 먼저 이해를 구하는 것이 자신의 가족이다. 그중 누군가는 분명 후보자의 선거를 반대하거나 이해를 못했을 수 있다. 후보자는 그런 그들 모두를 설득해서 선거전에 나왔고, 그들은 본선에 나온 후보자를 물심양면으로 도왔을 것이다. 그러나 지고 나면 후보자야 자기 자신의 선거였으니 안타까울 뿐이지만, 선거를 자기 일처럼 나서서 도와준 가족들은 하소연할 곳이 없다. 가족들에게 낙선자는 죄인이 된다. 더욱이, 앞으로 먹고 살 길이 막막해진다. 후보자의 본래 일터가 있었다면 돌아가면 될 일이지만, 그것 역시 낙선자라는 주홍글씨가 남아서 쉽지 않다. 후보자 자신을 믿고 찍어 준 유권자가 분명 있는데, 다시 일터로 돌아가서 먹고 살 생각을 하니 한

동안 일이 손에 안 잡힌다. 만약, 본래 일터가 없다면 더 큰 문제다. 선거에 입후보를 해서 많은 사람들이 알아보기에 직업 선택에 있어서도 제한이 많고, 소위 말하는 험한 직종을 하기에도 머뭇거려진다. 무엇보다 세상으로부터 손가락질 받는 것이 두려워진다. 때문에 선거 출마자는 자연스레 공인의 신분이 되기 마련이다. 우리는 종종 정치낭인들을 지역에서 보곤 한다. '선거철만 되면 보이는 사람', 후보자는 그들이 되기 싫다. 떨어지기를 바라며 출마하는 사람은 없다. 선거에 나간다면, 반드시 이겨야 한다. 낙선해서도 물론 배울 것이 많고, 얻는 것이 있다. 확고한 성원을 보내는 지지자들과 사이가 깊어지고, 본인의 약점과 과제도 함께 다음 선거 때까지 공부하고 학습한다. 하지만, 다음 선거 때까지 낙선자로 견디는 과정은 힘이 든다.

선거 당선과 낙선 이후의 차이는 명확하다. 당선을 하면 모든 것이 좋게 해석될 수 있다. 반면, 낙선을 하게 되면 모든 것이 부정당할 수 있다. 선거는 실전이기 때문에 낙선이라는 연습은 적을수록 좋다. 후보자 역시 당선인의 신분으로 유권자들을 위해 할 수 있는 일이 더욱 많다.

모든 선거가 당선자는 한 명인데 반해, 낙선자는 다수다. 유권자들은 당선자에게 자연스레 더 많이 모이게 된다. 후보자가 정치적 소신과 지역봉사의 실천을 할 수 있는 것도 선거에서 당선이 되어야 가능한 일이다. 낙선자는 다음 선거 때까지 할 수 있는 일이 별로 없다. 혹자들은 낙선자에게 위로의 말로 "정치인이 낙선도 해봐야 더 큰 정치를 할 수 있다"라고 다독이기도 한다. 하지만, 그렇게 위로를 건넨 지지자에게 낙선한 후보자가 해줄 수 있는 일은 없다. 오히려, 다음 선거 때까지 당선자 진영에서 견제와 감시의 눈초리를 받을지도 모른다. 그래서 웬만한 지지자가 아니면 지역사회에서는 일반적인 유권자들이 먼저 낙선자를 찾아서 정기적으로 어울려하기를 꺼려한다. 반면, 당선자 주위에는 새로운 지지자와 유권자들로 사람이 넘쳐난다. 시간이 지나면서, 예전에는 낙선한 후보자를 격려하고 응원했던 사람조차도 당선자 쪽에 넘어가 있다는 소식도 들려온다.

낙선자에 대한 당선자의 보복심리도 작용할 수 있다. 선거운동 기간 동안 상대 진영에 서로 상처와 공격을 보내던 것들이 앙금으로 남아 선거가 끝나고 공직을 수행하면서 알게 모르게 작용한다는 것이 선거 경험자들의 일반적인 사례이다. 그러기에 전장에 나가면 이겨야 하듯이, 낙선이 두렵다면 반드시 이겨야 한다.

제9계. 조직대결(組織對決)

국민의 일부를 처음부터 마지막까지
속일 수는 있다. 또한 국민의 전부를 일시적으로
속이는 것도 가능하다. 그러나 국민 전부를
끝까지 속이는 것은 불가능하다.

에이브러햄 링컨

현대 선거에서는 후보자의 정책이나 공약에 대한 검증과 판단보다는 후보자에 대한 이미지나 인기도에 따라 선거구도가 잡히기도 한다. 후보자에 대한 인지도를 후보자의 지지도로 이끌어내는 것이 득표 활동인 만큼, 후보자는 선거구 내 유권자들에게 자신을 최대한 홍보하고, 친밀도를 높이기 위해서 홍보의 첫 단계인 인지도 올리기에 전념하는 선거운동을 전개한다. 이를 위해 선거구의 주요 관변단체나 동호회, 체육회, 동문회 등의 단체모임에 발 빠르게 다니면서 얼굴을 비춰가며 인사하기 바쁘다. 후보자가 많은 유권자를 직접 만나는 것에는 시간적으로 한계가 있기에, 확산성이 빠른 페이스북이나 인스타그램 등의 SNS 활동, 유튜브, 블로그나 카페 활동 등을 통해 후보자의 인지도를 넓혀 간다. 인기 있는 방송소재를 활용하거나 화제의 인물과 함께 홍보물을 만들기도 하고, 파급력이 큰 방송이나 언론 노출을 통해서도 인지도 재고에 열을 올린다. 특히, 처음으로 선거에 출마하게 된 정치 신인이라면 더욱더 이름 알리기에 매달리곤 한다.

　오프라인·온라인 가릴 것 없이 후보자에 대한 인지도 재고 방안뿐 아니라 후보자의 출마 이유, 핵심 공약, 선거구의 숙원 사업에 대한 소신 등 유권자들이 평소 후보자에 대해 알고 싶어 하는 사항들을 먼저 소개하고 열린 마음으로 소통을 준비해야 한다. 무엇보다, 후보자가 유권자에게 먼저 다가가야 한다. 후보자는 자신이 좋은 상품이라는 것을 유권자에게 끝임없이 홍보해야 하기 때문이다. 어필하기 좋은 사례들이나 장점은 어떤 후보자든 있기 마련이다. 무엇 때문에 출마를 했고, 왜 당선되어야 하며, 상대후보에 비해 나은 점이 무엇인지를 유권자에게 알려야만 비로소 유권자는 후보자를 인지하고, 그러한 인지도가 쌓여 후보자의 지지도가 되는 것이다. 후보자에 대한 장점은 선전하되, 검증을 필요로 하는 경쟁자의 단점이 있다면 그것이 허위사실이 아니라는 가정 하에 공개적으로 문제제기하는 것도 방법이다.

　후보자의 인지도 확산은 선거 조직에서 나온다. 선거운동은 후보자 혼자서 하는 것이 아니다. 후보자를 중심으로 한 가족, 친지, 지인, 친구, 그리고 지지자를 포함한 자원봉사자 등이 모두 후보자의 선거운동원이다. 후보자는 한 명에 그치지만, 후보자와 같은 열정과 의욕으로 후보자의 당선을 위해 선거운동을 하는 사람이 2배, 4배 늘어난다면 그것이야말로 분신술을 써서 선거운동을 하는 것처럼 몇 배의 효과를 보게 되는 것이다. 모든 선거 출마자들은 유권자에게 자신의 출마 당위성과 당선 확신을 호소하고 전파한다. 그 좋은 홍보 내용들을 두 명이 얘기하면 2배 빨라지고, 열 명이 얘기하면 10배 빨라지는 것이 선거 조직의 힘이다. 좋은 장점은 확산시켜주고, 후보자의 아픈 단점은 앞장서서 막아주는 후보자의 힘의 근원이 선거 조직인 것이다.

전쟁 영화를 보면, 막강한 전투기를 앞세운 공군들이 폭탄을 투하한 후, 지상군인 육군이 소총을 들고 직접 고지를 점령해 가는 것을 볼 수 있다. SNS나 언론을 통해 전파하는 후보자의 홍보자료가 공중전을 의미하는 공군이라면, 후보자가 왜 당선되어야 하는지, 왜 지역에 필요한 인물인지를 유권자에게 직접 전달하는 것은 전쟁에서 육군과도 같은 선거 조직이 된다. 유권자 한 명 한 명에게 후보자를 정확하게 홍보하고 표심을 확인하는 것이 지상군인 선거 조직의 역할이다. 선거 조직을 수단으로 생각해서는 안 되며, 후보자에게 늘 힘이 되어주는 동지적 성격으로 받아들이고 일상적인 관계를 유지해야 한다. 선거 출마를 희망한다면 평소 주변에 덕을 많이 쌓고 살아야 한다. 한 사람의 열성적인 지지자를 통해서 새로운 조직을 붙일 수도 있고, 선거 전에 꼭 필요한 인재를 소개받을 수도 있다. 출마를 앞두고 있는 출마 희망자라면, 지금 당장 자신이 예상하고 있는 출마 선거구 내의 후보자 자신의 선거 조직을 객관적으로 써 내려가 보자. 후보자의 가족과 친인척, 동문과 동호회, 소속되어 활동해 온 단체나 모임, 당원, 선거구 내 지역별 지지모임 등을 가장 객관적이고, 냉정하게 파악해 보자. 그 단체나 조직의 수가 많고 열성적일수록, 후보자는 해당 선거구에서 이길 가능성이 커진다. 선거를 앞두고 선거 조직을 점검하는 일은 후보자의 이력을 관리하는 것 못지않게 중요한 선거 전략이 된다.

　우리는 흔히, 서울에서 날고 긴다는 사람이 선거를 목전에 두고 자신의 고향으로 내려와 출마했다가 번번이 낙선하는 모습을 종종 보게된다. 분명 대중적인 인지도를 가진 유명인임에도 불구하고, 정작 해당 선거구에서 몇 년의 세월을 탄탄히 관리해 온 일반인 후보자에게 패하는 경우를 자주 보았다. 그것은 유명인이라는 인지도가 유권자들에게 그저 인지도가 높은 것에 그친 까닭에 인지도가 지지도로 연결되지 못하였기 때문이다. 그러나 무엇보다도 선거 조직력에서 밀렸다는 것이 선거 패배의 주요 진단이다. 선거조직을 형성하는 데 있어 후보자와 조직원 간에 필수적인 것이 상호간의 신뢰와 교감이다. 그것은 단기간에 형성되는 것이 아닌, 후보자의 시간과 열의를 많이 필요로 한다.

　선거 조직이라는 목돈을 단숨에 품을 수 있는 좋은 방책이 정당 공천을 받는 것이기에, 선거를 준비하는 출마 희망자들은 기존 정당에서 공천을 받고 싶어 한다. 정당 공천을 받게 되면, 후보자 자신의 조직뿐만 아니라 정당이 기존에 갖추고 있는 정당 조직과 조직된 당원들을 확보할 수 있기 때문이다. '정당 공천이 곧 당선'이라는 평가도 그런 이유에서 나오는 것이 현실이다. 후보자에게 큰 배척사유가 없다면, 중앙 정당에서도 당선 가능성이 가장 높은 해당 후보자를 결국 정당 공천할 수밖에 없는 구조로 흐르게 된다. 물론 정당 공천을 바라는 출마 희망자들이 많은 만큼, 공천 받기는 힘들다.

　하지만 확고하고 절대적인 조직력이 뒷받침된다면, 정당공천에 그리 목을 매지 않아도 된다. 혹은 중앙에서 꽂아주는 그 누구와도 붙어서 이길 자신이 있는 후보자라면, 오히려 정당 공천에서 자유롭다. 게다가 중앙당에서 하향식으로 추천을 한 인물들이 해당 지역구에서 당내 경선을 하면서 선거 조직을 오래도록 가꿔온 후보자에게 패하는 경우도 갈수록 많아지는 추세이다. 예전에는 당 대표나 총재의 막강한 힘으로 지역 선거구에 특정 인물을 내리꽂던 공천이, 당내 민주주의가 발전한 최근에는 거의 당내 경선 분위기로 흐르고 있기 때문이다.

결국 당내 경선에 들어가면, 선거 조직이 막강한 후보자가 공천권을 획득한다. 그만큼 선거 조직은 선거 운동의 선발대이고, 후보자에게는 최고의 우군이다. 노무현 전 대통령의 노사모가 그랬고, 이명박 전 대통령의 국민선진연대, 박근혜 전 대통령의 박사모, 문재인 전 대통령의 문파가 대표적인 선거 조직의 형태를 보여주었다. 물론, 선거조직에서 발생하는 부작용과 탈법적 행위도 있다. 선거 조직 역시도 사람이 하는 일이라 관리를 하기가 어렵고, 모든 선거 조직원들이 선한 사람들만 있는 것도 아니다. 정작 당선이 되고도 후보자가 선거법 위반이나 구설수에 올라 낭패를 당하는 경우도 있다. 그런만큼 후보자가 선거 조직을 다루는 것은 힘과 시간과 마음을 써야 하는 일이다.

제10계. 주제선점(主題先占)

정치란 백성의 눈물을 닦아주는 것이다.

———

네루

    선거에 출마를 한 후보자에게는 자신이 선출직 임기 중에 대표적으로 해내고픈 숙원사업이나 많은 유권자들이 후보자에게 요구해서 공약으로 채택한 여러 지역구 사업들이 있기 마련이다. 그것은 지역구를 상징하는 건설 사업이 될 수도, 학부모 유권자들이 지대한 관심을 가지는 교육정책이 될 수도 있다. 선거 출마 명분에도 스토리가 있듯이, 후보자가 추진하는 정책이나 공약에도 유권자들이 공감하는 이슈가 있어야 하고, 후보자라면 그 이슈를 선점해야 한다. 선거 이슈란 후보자가 출마한 선거구나 정치 환경에서 회자되는 정치적 논의나 논쟁의 중심이되는 현안을 의미하는데, 어떤 선거 이슈를 선점하느냐에 따라 후보자의 메시지 내용과 전달 대상이 달라진다. 즉, 선거 이슈를 선점하여 선거구 여론을 주도하는 선거 전략을 구사해야 한다는 것이다. 빠른 전파와 폭넓은 홍보를 위해, 유권자들의 흥미를 끌만한 정책과 공약을 개발해야 한다. 이슈화 되지 않는 정책과 공약은 유권자들의 관심에서 자연스럽게 멀어지게 되고, 선거 여론전에서 후순위로 밀려나게 된다. 이슈 선점 실패가 반복되다 보면 결국에는 유권자들의 관심마저 잃게 될 수 있다. 혹은 이슈 대응에 타이밍이 늦거나 배경지식이 부족하여, 후보자의 지지도가 떨어지거나 유권자의 관심이 멀어지는 경우도 적잖이 보아 왔다. 반면에, 정치 신인이더라도 유권자들이 공감하는 이슈를 선점하면 초반에 부진했던 후보자의 인지도가 단숨에 높아지고, 이슈를 풀어가는 과정에서 인지도가 지지도로 연결되는 경우가 많다. 예를 들어, 삼성의 이건희 회장이 유품으로 남긴 미술품을 후보자의 지역 박물관으로 유치하겠다는 공약이나 가덕도 신공항을 동남권 신 국제공항으로 건설하겠다는 공약 등은 지역이슈를 선점하는 내용이 된다. 포항 지진이나 강원도 산불에 대한 후속 정책을 내거는 것도 지역이슈 선점의 좋은 사례가 될 것이다.

지역이슈가 지엽적이면서도 특수한 지역성을 띤다면, 중앙정치권이나 정당별로 발생하는 선거철 정치이슈는 대중적이고 보편적인 성격을 띤다. 노무현 정권 때는 수도이전 문제와 국가보안법 폐지문제, 이명박 정권 때는 4대강 사업과 한미 FTA, 박근혜 정권 때는 세월호 사고와 촛불집회 등의 이슈들이 그러한 거대담론을 이끌었었다.

지방선거나 국회의원 선거는 이러한 거대담론들을 후보자의 공약이나 정책, 혹은 메시지에 이슈화하여 선거구 유권자들에게 전파한다. 정치이슈가 크면 클수록, 유권자들은 후보자를 보고 투표하기 보다는 해당 정치이슈에 대응하는 후보자의 소속 정당을 보고 투표하는 경향이 커진다. 즉, 정치이슈에 대응하는 각 정당의 반응 또한 유권자들의 표심 결정에 중대한 영향을 미친다는 것이다.

중앙에서 발생하는 이슈만 있는 것이 아니다. 제주도의 경우, 코로나19 청정구역 설정이나 관광객 유치, 혹은 난민이나 불법 체류자 입국 문제 등의 지역적인 문제들이 있을 수 있다. 이렇게 파편화되어 상존하는 여러 이슈들을 어떤 식으로 선점하고 확장시켜 나가는지는 후보자의 정책적 능력에 달려있다. 예기치 못한 사건사고로 인해 전국적 관심도가 높아질 수도 있고, 후보자가 이슈라고 들고 나온 주제가 정작 지역 유권자들에게는 분란만 야기하여 지탄을 받을 수도 있다. 예를 들자면, 재건축을 원하는 노후된 아파트 대단지를 끼고 있는 선거구에서 환경보호나 부동산 규제법 이슈를 들고 나오는 후보자는 유권자의 지탄을 받을 것이고, 학교나 교육기관 밀집지역에서 사교육 제도를 규제하거나 유흥단지를 조성하자는 정책을 제시하는 후보자도 지역 사회의 외면을 받을 수 있다. 물론, 정책적으로 돌파해 나가야 할 이슈들도 있기에, 후보자의 소신에 따라 지금 당장은 득표가 힘들지라도 해당 이슈를 선점함으로써 유권자에게 각인되는 사례들도 있다. 경주 방폐장 유치 문제처럼 지역의 여론이 극명하게 양분되는 이슈에 대해서도 정치적 소신을 갖고 찬반의 한쪽 진영에 서서 유권자의 심판을 받을 수 있다. 타이밍 못지않게, 후보자의 의지 또한 중요하다고 하겠다.

이슈를 선점하였다면, 일정한 답을 제시해야 한다. 그래야 완벽한 이슈 선점의 완성으로 이어지는 것이다. 이슈를 선점만 하고 해결책을 내놓지 못하거나, 그 사이 경쟁자가 더 나은 해결점을 제시한다면, 여론의 흐름에 따라 이슈의 주인공 역시도 이동하는 것이다. 선점하는 이슈가 어떠한 파급력을 가지고 있는지에 대한 판단과, 어떻게 이슈몰이를 할 것인지는 최종적으로 후보자 자신의 판단과 책임에 달려있다. 선점한 이슈에 유권자들이 공감과 높은 관심을 보여준다면, 후보자는 이를 자신의 영역으로 완전히 장악해야 한다. 반면에, 선점한 이슈가 유권자들에게 반감을 주거나 관심도에서 멀어진다면 후보자는 재빨리 출구전략을 써서 새로운 이슈로 갈아타야 한다. 이슈 선점과 이슈 대응은 선거가 끝날 때까지 해야 하고, 당선인이 된 후에도 이슈에 대한 경중을 따져서 해결책을 마련할 필요가 있다.

경우에 따라, 해당 선거구에 출마하는 후보자들끼리 편을 나누어 이슈 선점의 여론을 형성하기도 한다. 제시한 이슈가 지역 유권자들이 보편적으로 공감하는 지역 문제요소로 부각이 되면, 그 이슈를 제시한 후보에 동조를 하거나, 그 반대 의견을 내야 할 때가 있다. 2021년 20대 대선을 앞두고, 국민의힘 모 후보는 여성가족부 폐지 공약을 발표한 적이 있다. 해당 후보자는 대선 여론조사에서 상위권에 오르지 못하는 후보였으나, 여성가족부의 비효율적 운영과 남성 차별적 정책에 대해 비판하며, 여성가족부 폐지라는 공약으로 이슈를 선점하게 된다. 각종 언론 기사에서 이를 다루었고, 주요 당에서도 앞 다투어 입장을 발표하게 된다. 여성가족부 폐지라는 이슈를 해당 후보자가 선점한 것 자체는 굉장한 집중도와 이목을 끈 전략이었다. 다만 이슈 선점에는 성공하더라도, 여성가족부 폐지 공약에 대한 유권자들의 판단까지도 살펴야 한다. 후보자가 선거 기간에 유권자들을 설득하며 공감대를 형성하는 과정을 유권자들은 종합적으로 판단해 최종 선택을 내릴 것이다.

반면, 이슈를 선점하는 후보자의 경쟁자라면, 최대한 빨리 다른 이슈를 제시해야만 자신에게 선거 분위기를 주도할 수 있는 기회가 온다. 유권자들이 관심을 보이는 이슈를 발견하고 생산하지 않으면, 종국에는 선거 여론에서 자연스레 멀어질 수밖에 없다. 그래서 출마한 후보자는 유권자들의 관심에 수렴하는 사항을 항상 찾고 그에 따른 준비를 늘 해야 하는 것이다. 게다가 이슈를 선점하는 것에만 그쳐서는 안 되고, 그 이슈에 대한 답변을 유권자들에게 보여주어야 한다. 이를 위해서는 공부가 되어 있어야 한다. 이슈 선점 이후에 전개될 분위기를 주도할 수 있는 전문성이 탑재되어 있어야 하는 것이다.

후보자의 이슈 선점은 곧 여론을 모으고 정책을 발표해 유권자들에게 다가가는 메시지가 된다. '이슈는 이슈로 덮는다'는 유명한 영화 대사처럼, 이슈는 유권자나 국민들의 여론 가운데 자연스레 생겨날 수도 있지만, 유능한 후보자라면 빠른 이슈 선점을 통해 가려운 부분을 미리 긁어줄 수 있어야 한다.

제11계. 선거법규(選擧法規)

법은 최소한의 도덕이다.

―――

엘리네크

　선거를 준비하거나 선거 운동을 할 때는 후보자 모두에게 적용되는 공통의 룰과 원칙이 있다. 때때로 선거전에서는 정해진 원칙을 지키지 않아서 출마를 포기해야 하거나, 당선이 되더라도 선거법 위반으로 인해 선거 결과가 무효가 되거나, 최악의 경우에는 피선거권이 제한되는 등의 극한 상황들이 종종 벌어진다. 선거라는 참정권 행사를 공정하고 합법적인 테두리 안에서 치루는 것만이, 그 결과를 합당한 것으로 받아들이게 하기 때문이다. 선거의 참정권을 통해 국민의 기본권은 법으로 보호받게 된다. 때문에 선거를 준비하는 출마 희망자나 예비 정치인이라면 선거법 준수는 반드시 지켜야하는 전제조건이 된다. 이에, 선거와 관련된 모든 법규와 기준을 명문화한 것이 선거법이다. 물론 선거운동 시기에는 선거캠프의 선거법 담당자나 해당 지역 선거관리위원회가 일정 부분을 관리해주고 지도를 하기도 한다. 워낙에 많은 사례들이 있고 해석도 천차만별인 만큼, 각 후보자가 모든 선거법을 숙지하고 있기를 기대하기란 무리다. 후보자는 현장에서 유권자 한 사람을 더 만나는 것이 시급한 상황이기 때문이다. 하지만, 선거법 적용에 대한 가장 큰 수혜자는 후보자 본인이기 때문에 기본적인 선거법을 이해해 두는 것은 상당한 도움이 된다.

선거를 하게 되면 돈이 든다. 돈은 선거를 위해 반드시 필요한 재원이다. 그러나 돈과 관련된 선거법 위반이나 선거사범이 가장 많은 것은 선거의 아이러니한 부분 중 하나다. 선거를 준비하는 후보자는 특히 돈과 관련하여 주의를 기울여야 한다. 그런 이유로, 선거법의 상당한 부분은 돈과 관련하여 엄중하게 기술되어 있으며, 이를 바탕으로 선거비용을 합법적으로 쓰는 방법을 규정하고 있다. 선거에 출마하는 후보자는 각자 살아온 배경과 갖고 있는 자산, 그리고 선거운동 지출의 범위도 다르다. 때문에 선거법은 출마자들이 공히 허용하는 규칙을 한정해 두고, 그 범주 안에서 선거운동이 진행되도록 제한을 두고 있다. 돈이 많다고 해서 선거비용을 초과해 지출할 수 없고, 허용되지 않는 선거운동을 선거비용으로 처리할 수도 없다. 당연히 유권자에게 현금이나 돈에 상응하는 음식, 선물, 혹은 서비스를 무상으로 제공해서도 안 된다. 선불 지급도 당연히 안 되지만, 후불성 대가를 전제로 한 무상 제공도 허용치 않는다. 등록된 선거운동원의 활동비나 식대 등도 한정된 비용과 기준에 따라 이뤄져야만 한다. 모든 사안마다 적용되는 선거법과 사례들이 다르다. 선거법이 적용되는 대상은 출마자와 출마 예정자로 정해져 있기 때문에, 아직 출마를 하지 않았다고 해도 선거와 연관성이 있거나 출마에 영향을 미치는 금권 행위는 최우선적으로 엄중히 다뤄진다.

또한, 선거법은 후보자의 선거운동 방식에 관한 규정이기도 하다. 선거운동에는 기간별로 할 수 있는 일과 장소에 따라 할 수 있는 일, 그리고 홍보방법에 따라 할 수 있는 일이 정해져 있다. 그것을 어기게 되면 이 역시 선거법 위반사항이다. 특히, 정치신인이나 선출직에 처음 도전하는 후보자들이 종종 선거운동 방식과 관련된 선거법 규정에 대해 실수를 많이 하곤 한다. 그러기에 선거법에 대한 이해가 불완전할 때는 향후 발생할 문제를 원천적으로 방지하기 위해서 반드시 지역 선관위나 중앙선관위에 교차 검토를 받는 것이 좋다. 같은 사안에 대해서도 선거법을 적용하는 사례에 따라 애매한 경우가 발생하기 때문이다. 선거법 사례가 워낙 많다 보니, 지역 특수성이나 정치 환경에 따라 같은 선거법을 놓고도 해석의 차이가 있을 수도 있다. 무턱대고 후보자가 상식이라고 생각했던 선거운동 규정이 위법행위인 경우가 선거운동 현장에서는 비일비재하게 일어나는 것이 현실이다. 예를 들자면, 후보자 선거사무소 개소식 행사에 식사제공은 불법이지만, 김밥 제공은 가능한 사례가 있다. 또, 선거를 앞둔 일시적인 기부는 불법이지만, 지속해 왔던 봉사 나눔 활동은 가능한 판례들이 다수 있다. 물론, 사안마다 선관위에 질의를 하게 되면 선거운동의 속성상 속도가 떨어지고, 중요한 타이밍을 놓치는 경우도 있다. 때문에, 가능한 한 선거법 문의는 문서를 남기거나, 선관위 답변을 명시적으로 남겨두는 것이 좋다.

이러한 선거비용과 선거운동 방식의 엄격한 규정 때문에 초보 출마자는 실수를 연발하기도 한다. 사안에 따라 단순 주의 조치에 그치는 경우도 있지만, 그 불법성이 심각하여 사법권의 판단까지도 요구되는 경우가 허다하다. 그리고 이런 실수와 과오들이 상대 후보자 측이나 선거관리위원회, 혹은 경찰·검찰에 인지되어 후보자가 선거운동 기간 내내 고생을 하는 경우가 많다. 선거운동 과정에서 불법성에 대한 조사를 받게 되면, 상대 후보자 측이나 지역 언론에 조사 내용이 회자되어 소문이 돌기 쉽고, 종국에는 선거 여론에도 악영향을 미치게 된다. 무엇보다 선거 운동에 집중해야 할 후보자가 선거 운동보다 선거법 처벌에 신경을 써야 하기 때문에 심신이 피로해지는 상황에 직면한다. 그러기에 후보자는 선거법을 항상 준수하고, 위법적 행위를 늘 경계해야 하는 것이다. 비록 의도성이 없는, 무지에서 발생된 위법성 사건이라고 하더라도, 모든 후보자는 같은 룰을 적용 받기 때문에 선거법을 위반하면 해당 기관의 조사를 받게 된다. 위법 행위가 심하게 나타나면 선거 운동기간은 물론, 선거가 끝나고도 조사를 받아야 하는 경우가 허다하다. 선거에 운 좋게 당선되더라도, 선거법에 의해 당선 취소 결과가 나와서 해당 선거구는 다시 재보궐 선거를 해야 하는 상황이 올 수도 있다. 하지만, 선출직 후보자에게 더욱 큰 형벌은 당선 취소와 더불어 선출직 선거에 5년간 출마 제한을 당하는, 피선거권이 박탈되는 사례다. 선거법 검토는 선거 운동 기간에는 다소 시간이 걸리더라도 반드시 하나하나 점검하며 진행해야 할 사안이다.

선거법 적용은 동일 규정에 대해서도 장소와 대상, 시간에 따라 그 판례와 해석이 달라질 수 있다. 즉, 법적 해석에 복합적인 상황판단이 더해지는 것이다. 선거를 앞두고는 선거법 개정과 탄력적인 선거운동 보급을 위해 종전 선거 때와는 조금씩 해석이 달라지는 안건도 많다. 그래서 가장 좋은 방법은 특정 행위의 위법성이 의심되면, 선거캠프 차원에서든 후보자가 직접 하든, 선거관리위원회에 질의를 해보는 것이다. 통상적으로는 선거캠프에 상시적으로 선거법과 선관위 해석을 전담하는 선거운동원을 두는 것이 보통이다. 질의를 하는 방법은 중앙선거관리위원회 법규담당과 지역 선관위 지도계와 홍보계에 문의해 보면 된다.

또한, 선거법에 대한 선관위와 경찰·검찰의 해석이 아주 가끔 달라질 수 있다. 그런 이유로, 질의를 원하는 문의사항은 팩스나 문서로 답변을 받아두는 것이 후일을 위한 명확한 대비가 될 것이다. 선거에 많이 관여한 경험자도 선거법만큼은 몇 번씩 점검하고 선거운동을 진행한다. 그만큼 선거법 위반으로 걸릴 수 있는 위험성을 낮추는 것이다. 선거전에 있어 여론이 앞서다가도, 해당 지역구에서 특정 후보자의 선거법 위반 소문이 돌고 나면 기존 지지율에 타격이 생긴다. 그로 인해, 같은 선거구를 놓고 경쟁하는 후보자와 정당 간에도 감시감독이 늘어난다. 후보자가 직접 인지하는 경우도 많지만, 지지하는 유권자나 반대 측 유권자들의 제보나 감시가 많이 뒤따르는 것이다. 선거 운동 상황이 과열되고, 후보자 간 고소·고발에 따라 상호간 상처가 나기도 하며, 고소와 무고에 대한 비방전이 난무할 수도 있다. 선거 운동 기간에는 그만큼 후보자를 보는 눈이 많다.

현장에서는 불시에 어떤 일이 일어날지 모르기에, 기본적인 선거법은 인지하고 있는 것이 선거를 준비하는 출마희망자의 준비 자세가 될 것이다. 선거법은 후보자뿐만 아니라, 직계가족과 선거운동원, 그리고 선거캠프 모두에게 적용되는 룰이다. 매 현안에 대해 후보자를 중심으로 항상 협의하여, 이를 위반하는 구성원이 생기지 않도록 해야 한다. 선거운동 중에 선거운동원의 선거법 위반 소식이 들려오면, 그것은 해당 후보자 측에 큰 타격이 되고 만다. 선거법은 선거라는 게임을 풀어가는 공통된 룰이기에, 후보자는 선거법을 잘 준수하고 지켜야 한다. 물론 선거법 준수는 후보자가 선거 당선이라는 최종 목표점으로 향하는 과정이지 목적이 될 수는 없다. 후보자의 목적은 오직 당선이라는 것을 명심하자.

제12계. 선거참모(選擧參謀)

유비가 유능한 인재인 제갈량을
맞아들이기 위하여 줄곧 노력하는 자세

———

삼국지 중 '삼고초려(三顧草廬)'

　선거 운동은 후보자 혼자서 하는 것이 아니다. 후보자는 선거의 얼굴이지만, 선거 운동을 현장에서 하는 손발은 따로 있다. 많은 경우 후보자의 배우자와 부모, 자식을 포함한 모든 가족들이 선거운동원이다. 또한, 선거 체급이 광역단체장이나 국회의원 등으로 올라갈수록 선거 운동원들도 더 많아지고, 그들의 역할 또한 세분화되고 전문화된다. 그런 이유로 선거운동원은 후보자의 경쟁력이고, 후보자의 또 다른 일원이라고 할 수 있다. 선거운동원이 선거구 유권자를 대상으로 잘하면 후보자의 지지도는 상승하고, 선거운동원이 잘못하면 반대로 후보자는 곤경에 빠지기도 한다. 후보자에게 등록된 선거운동원의 결정적인 실책이 있을 때에는 후보자가 사퇴하거나 낙선하는 경우까지도 종종 있다. 선거캠프에 등록돼 있는 선거운동원이 사회적 지탄을 받을만한 범죄를 저지르게 됐을 때, 후보자에게도 그 영향이 심각하게 미치는 것은 불을 보듯 뻔한 일이다. 그런 이유에서 선거운동원은 믿음과 신뢰를 전제로 선거가 끝나는 날까지 후보자의 당선만을 생각하며 자신을 보살펴야 한다.

선거가 끝이 나도 후보자와 선거운동원의 상호간 인연은 이어진다. 일부는 후보 당선인과 함께 더 큰 정치행보를 그려 나가고, 일부는 본업으로 돌아가 훗날을 기약하기도 한다. 또 선거기간 중 여러 사정에 의해 후보자와의 인연이 다 하는 경우도 일부 있다. 선거캠프에서 후보자의 당선을 최우선으로 선거 운동에 임하는 선거운동원의 사명감은 후보자와의 교감을 통해서 크게 달라진다. 후보자에게 더욱 끈끈한 유대감을 느끼는 선거운동원도 있지만, 후보자에게 실망감이 커져서 선거 운동 기간 도중에 선거 캠프를 이탈하는 사례들도 있다. 그런 이유로, 선거운동원이 수적으로 많다고 해서 선거 운동 효과가 좋다고만 할 수는 없는 것이다. 오히려 작은 선거 캠프가 실속 있는 가족적인 분위기로 똘똘 뭉쳐 선거 운동을 전개하는 경우도 많이 보아왔다. 선거운동원 한 명 한 명이 얼마나 자기 후보자를 믿고 있는지, 얼마나 열정을 갖고 있는지가 선거 캠프의 분위기를 주도하고, 향후 선거 운동의 활기를 일으켜 분위기를 전환시킬 수도 있다. 물론, 반대의 사례도 있다. 선거운동원이 지역 유권자와 크게 싸우거나, 후보자 험담을 하면서 다니면 그 선거 캠프는 당선에서 점점 멀어지게 된다. 선거운동원들은 후보자의 거울과도 같은 존재이기에 후보자는 선거운동원들에게 주인의식과 소속감을 함께 심어줘야 한다. 그것이 선거 캠프의 사기 진작으로 이어지기 때문이다.

선거캠프의 규모에 따라 차이는 있겠지만, 보통 선거 스텝은 일정, 홍보, 정책, 메시지, 회계 등을 담당하는 기획부분과 직능, 동문, 종친, 지역, 세대 등을 담당하는 조직부분으로 크게 나누어진다. 기획부분은 캠프의 머리이고, 조직부분은 캠프의 손발이다. 어느 것 하나 빠트릴 수 없는 부분이다. 영역별로 세분화하여 담당할 수도 있고, 총괄 담당자를 두고 업무를 배분해 가질 수도 있다. 다만, 후보자가 그 담당자들과 상시적으로 소통 할 수 있는 구조가 되어야 한다. 후보자와 선거운동원이 어떻게 업무 범위를 정하느냐에 따라 업무 방향이나 내용이 정해지기도 한다. 선거운동원 담당자에게 어디까지 권한과 책임을 주느냐 하는 것도 후보자와 선거운동원 간에 사전 협의되어야 할 사안이다. 당선이라는 최종목적을 두고 여러 사람이 모여서 일을 하다보면 경우에 따라 선거캠프 내에서 소란과 갈등이 생길 때도 있다. 후보자와 선거운동원, 혹은 선거운동원 간에도 그럴 수 있다. 제일 좋은 방안은 당사자 간에 자연적으로 갈등을 해소하는 것이다. 갈등과 반목이 길어지면 선거캠프 전체 분위기에도 영향을 미칠 수 있으니, 후보자도 이 점을 염두에 두어야 한다. 사안에 따라서는 후보자가 직접 나서거나 선거 캠프 사무장이 나서서 문제점들을 인식하고, 해결책을 풀어줄 필요도 있다. 또한, 선거운동원들은 후보자의 그런 모습에 또 다른 매력을 느끼기도 한다. 선거운동원 간의 갈등이 선거운동 분위기를 저해해 선거운동 열기에 역행하는 선거 캠프도 있지만, 잘 극복하여 더욱 단단해지는 경우도 보았다. 선거 캠프도 사람이 하는 일이고, 사람 간의 인지상정이라 우리가 살아가는 모습은 크게 다르지 않기 때문이다.

선거운동원을 최소화해서 혼자만의 선거운동을 하는 방안도 있고, 대대적으로 분야별 혹은 지역별 선거운동원을 구성하는 선거 전략도 있다. 다만, 참신함과 겸손함은 좋으나, 유권자 눈에 부족하거나 초라해 보여서는 안 된다. 겸손함과 초라함은 다르다. 선거전이 진행되고 각 후보자 진영에서 나오는 결과물들을 보면 안다. 후보자의 홍보에 관련된 홍보물과 선거운동이 전개되며 유권자에게 노출되는 정책들이 있다. 이런 사항에 대해서는 내용적으로나 실현가능성 측면에서 빈틈이 있어서는 안 된다. 전문적인 선거기획사를 쓰는 것도 좋지만, 결과적으로는 후보자의 캐릭터와 신념을 잘 녹여내는 작업이 되어야 하는 것이다. 그만큼 후보자 입장에서도 능력이 출중하고, 마음이 맞는 스텝을 찾기가 쉽지 않다. 그러다보니, 가족이나 친구들이 먼저 선거사무소를 세팅하고, 소개와 추천을 받아 선거운동원을 충당하는 후보자도 더러 있다. 또한, 선거운동원도 후보자에게 바라는 것들이 있을 수 있다. 당선 후 보좌관으로 정치행보를 같이 하고 싶다든지, 차후 후보자를 더 큰 정치인으로 만들고 싶다든지, 우리 지역을 위해서 후보자를 통해 새로운 일을 하고 싶다든지 하는 여타 이유로 자신의 열정을 불태울 선거 캠프에 참여한다.

하지만, 후보자는 선거법상 기본적으로 선거 운동원에게 재화를 무상으로 제공해서는 안 된다. 후보자가 선거법 외의 금품을 제공하거나 대가성의 재화를 제공해서도 안 된다. 선거후보자가 공직선거법상 금품을 포함해 물질적인 재화를 타인에게 제공하는 것은 엄격히 제한되어 있기 때문이다. 또, 선거운동원들의 대부분이 후보자가 출마한 지역구 내의 유권자들이다. 물론 중앙당에서 지원을 나오거나 기획사 쪽에서 파견 나오는 선거운동원도 있지만, 거의 모두가 그 선거구에 살고 있는 유권자들이다. 즉, 선거운동원은 유권자이기에 더욱 엄중한 선거법 적용을 받게된다. 때문에 선거운동원에게 비용을 처리하는 부분은 철저하게 선거법 규정을 따라야 하고, 그 이외의 사항에 대해서는 항상 선관위에 문의하여 조치해야 한다. 선거운동원은 최저시급이나 통상 임금처럼 노동법을 따져가며 구성할 수 없다. 선거 운동을 하다보면 자정을 넘겨가며 일하고, 새벽에 나와서 유권자 출근길 인사를 하는 일이 부지기수이다. 그렇기 때문에 선거운동원은 자원봉사자의 개념으로 후보자를 지원해야 한다. 그런 의지가 없이 사안마다 시간적 비용을 산출하고 노동력을 비용으로 정산하기에는 선거 현실이 녹녹치 않다. 그래서 후보자는 선거운동원에게 항상 마음의 빚을 지고 있다는 심정으로 최선을 다해 선거에 이겨야 한다.

후보자에게 자원봉사자가 많다는 것은 그만큼 열성적인 지지자가 많다는 뜻이다. 자원봉사가 대가를 바라거나 남들의 눈길을 의식해서 하는 일이 아닌 것처럼 후보자를 위한 선거 캠프 자원봉사자가 선거운동원이 된다면 적어도 후보자와 선거 캠프 구성원들이 이해관계 때문에 충돌하는 불안 요소는 없어진다.

선거에서 낙선은 후보자 혼자만의 몫이 아니라 선거운동원들의 땀과 열정이 함께 패하게 되는 결과가 되기 때문에, 당선 후 선거운동원들과 함께 얼싸안고 기뻐하는 일이야말로 후보자가 선거 운동 기간 중의 동고동락에 대해 감사를 표하는 최고의 선물이 되는 것이다.

3

—

환경
(環境)

제13계. 국정지지(國政支持)

군주정치(君主政治)가 타락하면 폭군정치(暴君政治),
귀족정치(貴族政治)가 타락하면 과두정치(寡頭政治),
민주정치(民主政治)가 타락하면 중우정치(衆愚政治).

———

아리스토텔레스

지방선거든 국회의원 선거든, 대통령의 국정지지도는 선거전에 엄청난 영향을 미친다. 물론 대통령의 출신지나 정부 여당의 지지세가 영·호남에 국한될 때는 예외도 있지만, 수도권을 중심으로 한 선거라면 대통령의 국정지지도는 정당 공천이나 선거 결과에도 커다란 영향을 미친다. 대통령의 인기가 좋으면 대통령이 여당 지지도를 압도하여 당과 청와대를 주도하는 형국으로 선거전이 진행되고, 대통령의 인기도가 떨어지면 정부 여당에서도 가급적 대통령과는 구분되는 정책과 공약을 제시하며 선거전에 임한다. 즉, 대통령의 국정지지도가 높으면 당연히 집권여당의 공천을 받은 후보자나 정책이 힘을 받게 되고, 대통령의 국정지지도가 낮으면 정부와 여당에 대한 비판과 견제론이

작용하여 야당의 공천을 받은 후보자나 야당색깔을 내는 후보자에게 유리한 구도 싸움을 시작할 수 있다. 극단적인 경우에는 정권 말에 대통령 국정지지도가 처절하게 낮다고 판단되면, 여당은 선거 여론을 반전시키기 위해 대통령의 여당 탈당을 종용하기도 한다. 그만큼 해당 선거에서 대통령과는 거리를 두고 선거전을 진행하겠다는 반증이 되는 것이다.

그런 이유로, 통상 새로운 정권이 수립되어 대통령이 국정운영에 한창 드라이브를 걸고 국정수행 능력이 높을 때는 여당의 공천 신청률이 높다. 그리고 대통령이 집권 중반기를 넘어서면서 국정운영에 대한 실정으로 인기도가 떨어질 때는, 유권자들이 새로운 대안인 야당이나 반 여당 성향의 후보자에게 높은 관심을 보이곤 한다.

정권의 임기 중에 치러지는 선거는 정권에 대한 중간 평가적인 성격을 갖고 있다. 그래서 대통령의 국정지지도가 높을 때, 여당의 공천 신청률이 항상 높게 올라가는 것이다. 대통령 지지도가 높을 때에는 좀처럼 현실정치에 참여하지 않는 공직자나 교수 출신처럼 다소 안정지향적인 인재 군도 여당의 정치참여에 관심을 보인다. 반면, 대통령의 인기도가 좋을 때 야당은 인물난에 허덕인다. 대통령이 국정운영을 잘 주도하고, 국민들과 유권자들의 열성적인 지지를 받고 있으니 야당에서는 특별히 여당에 대해 흠 잡을 것이 없다. 대통령 지지도가 떨어질 때 야당에서는 '국정 심판론'을 내세우며 선거전을 전개하지만, 대통령의 지지도가 높고 국민적 신망을 받을 때는 그저 '권력 균형론'을 기치로 하여 선거전을 펼칠 수 밖에 없다. 그런 만큼 선거 출마시기에 대한 전략도 필요한 것이다.

선거구 유권자들이 볼 때, 대통령의 실정에 대해 야당과 야당 후보자가 그 대안을 제시하고, 견제를 한다는 믿음을 주게 되면 야당 후보자에게 힘이 실린다. 정권 초기에는 상대적으로 대통령을 중심으로 한 국정운영에 대해 국민의 믿음과 기대치가 높기 때문에 정권 초기 선거전은 여당에 유리하고, 정권 말기에 치러지는 선거는 대통령과 여당의 실정과 패착에 따른 민심을 반영해 정권을 심판, 내지는 평가하는 성격이 짙어서 야당에 유리한 선거전으로 전개된다. 여당 출마자라면 대통령의 지지율이 좋을 때는 중앙정치권의 바람을 이용할 필요가 있다. 중앙정치권에서 불어오는 여당 주도의 정책과 정권 지지도를 끌어와 자신이 출마하는 선거구에 훈풍을 불어 넣는 것이다. 여당의 정책을 선거구에 접목하고, 지역의 숙원사업을 여당과 주관 정부 부처로 전달한다는 인식을 유권자에게 심어줘야 한다. 힘 있는 여당 후보자가 지역의 숙원과제를 해결할 수 있다는 강점을 유권자에게 약속하고, 선거전 내내 홍보하는 작업을 하면 된다.

반면, 야당 출마자는 가능하면 대통령 지지도가 좋은 중앙정치권과는 거리를 두고, 후보자의 인물 중심의 정책과 비전으로 선거전을 풀어가야 한다. 중앙정치와는 크게 상관없는 지역적인 화두와 지역 유권자의 요구와 바램들을 선거전 동안 소통해 가는 과정을 보여줘야 한다. 지역을 지키는 것은 대통령이 아니라 정작 지역 사람이라는 화두를 지역구에 던지고, 출마한 인물 대결로 선거전을 진행한다. 중앙 정치권과는 철저하게 거리를 두고 지역 정서를 구석구석 읽어가며 촘촘한 선거전에 임해야 당선 가능성이 커진다. 자칫 잘못하여 대통령의 지지도가 좋은 시절에 정권의 주요정책에 편승하면 그것은 여당 후보자만 부각되는 결과를 낳을 뿐 야당 후보자의 득표활동이 될 수 없다. 그러나 대통령의 지지율이 바닥을 칠 때는 반대이다. 여당 출마자는 중앙정치권과는 오히려 거리를 두면서 자신만의 선거운동을 전개해야 하고, 야당 출마자는 여당과 대통령의 국정운영에 대한 문제점을 크게 부각하며 그에 대한 비판을 화두로 내세워 선거전을 진행하게 된다.

물론, 선거에 출마하는 정치인의 소신과 가치관이 대통령의 국정지지도에 따라 바뀌지는 않겠지만, 분명한 것은 대통령의 국정지지도가 선거에 커다란 영향을 미치는 요인이 된다는 것이다. 그만큼 대통령의 국정지지도는 지방선거, 국회의원 선거뿐만 아니라 교육감 선거와 더 나아가서는 학부모들의 학교운영위원회 선거에까지도 영향을 미친다. 아무래도, 대통령의 국정방향이 정치권에 큰 그림을 제시하게 되고 그런 비전들이 지역과 정책에 녹아서 국민의 삶에 직간접적인 영향을 미치게 되기 때문이다. 또한, 그에 따른 평가를 유권자에게 묻고 판단을 받는 것이 선거의 순기능이기도 하다. 선거를 희망하는 출마예정자들은 대통령의 국정방향과 정치권의 움직임에 관심을 가져야 한다. 그것이 출마 시기에도 직접적인 영향을 주지만, 후보자가 공천을 신청할 정당의 앞날도 나름대로 가늠할 수 있게 하기 때문이다. 정치를 하는 사람이 정치적 상황에 따라 이해 타산적으로 셈법을 꼽아서는 안 되겠지만, 대통령과 여당의 국정수행 능력을 평가할 수 있는 능력 정도는 함양해야 유권자들을 선도할 수 있다.

유권자들이 투표장으로 향하는 이유에는 여러 가지가 있다. 당장 유권자 자신의 삶과 직접적으로 관련된 요구가 있거나 지역의 오래된 숙원 사업이 있을 때, 혹은 유권자와 인연이 있거나 입후보한 후보자의 면면을 보자니 판단이 서게 되는 경우도 있을 것이다. 하지만, 참정권 행사는 현재 행해지는 정권의 정책과 국정과제에 대한 유권자의 판단이자 현 단체장과 기득권에 대한 심판의 성격이 강하다. '국민은 표로 심판한다'는 표현처럼, 현 대통령 임기 중에 실시하는 국회의원 선거나 전국 지방선거는 정권의 중간 평가 성격을 지니고 있기에 더욱 그러하다. 선거 결과는 현 정권의 국정방향을 가늠하는 척도가 된다. 만약, 정부 여당에 불리한 결과가 나온다면, 정권 전반을 돌아보며 수정과 반성을 하는 것이 당연한 수순이라 할 것이다. 그렇기에 대통령의 국정지지도를 보면, 선거의 결과를 나름대로 미루어 짐작할수 있다. 물론 대통령의 국정지지도가 정권 초창기부터 나쁠 수는 있어도, 정권의 처음부터 끝까지 줄곧 좋게 유지되는 것은 매우 힘든 일이다.

대통령 임기 중에 추진하는 정책과는 별개로 일어날 수 있는국가적 대형 사건사고나 재난, 혹은 대통령 측근의 부정부패, 그리고 예측할 수 없는 국제적 급변사태와 한반도 정세안정 문제같은 대외적인 사안 역시 대통령의 국정지지도와 관련이 있는변수들이다. 선거를 코앞에 두고 발생하는 북한 도발에 대한 정권의 대처능력이나 예상치 못한 국가적 재난사고는 대통령의국정지지도에 영향을 미치는 요인이 되면서, 선거 판도에서 직접적이고 강력하게 국민여론을 요동치게 하는 변수가 된다. 반면, 선거를 앞둔 올림픽이나 월드컵 유치 등의 국제적 호재 역시대통령 지지도를 올리는 요인이 되기도 한다.

상대적 분석이겠지만 역대 대통령 선거를 실시하고서 1년 내에 시행되었던 전국단위 선거의 결과를 보면 대통령을 당선시킨 정당의 선거 결과가 좋게 나타나는 패턴이 나타난다. 반면,대통령 선거를 목전에 앞두고 시행되는 전국단위 선거에서는야당의 '대통령 국정 심판론' 민심이 대부분 먹혀 들어간 것으로 나타나고 있다. 이렇듯 출마를 희망하는 후보자들이 대통령의 국정지지도 추이를 관찰해 선거 전략의 상수로 활용하는 것은, 선거 구도를 정하는 데 큰 도움이 된다.

제14계. 정당지지(政黨支持)

임금을 알고자 하면 먼저 그 신하를 보고,
사람을 알고자 하면 그 벗을 보고,
아버지를 알고자 하면 먼저 그 자식을 보라.
임금이 거룩하면 신하가 충성스럽고,
아버지가 인자하면 자식이 효성스럽다.

———

왕량

앞서 대통령의 국정지지도에 대해 언급하였지만, 출마 희망자들은 정당지지도 역시 늘 관심을 가지고 분석해야 한다. 뉴스 보도에는 정기적으로 대통령과 각 정당의 정당지지도가 나온다. 물론, 그것을 단순한 참고 자료로만 인식하는 출마 후보자도 있겠지만, 정당지지도의 등락과 변화추이를 보는 것은 단순한 데이터 분석 이상으로 중요하다. 후보자가 속한 정당의 지지도가 일시적으로 떨어진 수치를 보이는 경우가 아니라 장기적이고 지속적으로 국민들의 외면을 받는다면, 이는 자신의 출마에 직접적인 영향을 주게 된다. 특히, 첫 출마를 준비하는 정치 신인이거나 선거철을 목전에 둔 후보자라면, 더욱 정당지지도가 신경이 쓰일 수밖에 없다. 그런 이유로, 후보자가 속해 있는 정당뿐만 아니라 후보자와 함께 경쟁하거나 경쟁예정인 상대 후보자의 정당에 대해서도 지속적으로 모니터링을 해 나가야 한다. 정당지지도를 보는 것에는 민심의 변화와 그 변화에 대한 원인 파악을 함께 하는 의미가 있는 것이다.

여의도에서는 '정치는 생물이다'라는 말을 곧잘 한다. 그만큼 정치가 국민의 여론과 민심에 따라 순응하기도 하고, 반대로 국민들의 민심에 영향을 주는 상호작용을 하기도 하는 것이다. 좋은 정치를 하면 좋은 여론이 이어지고, 나쁜 정치를 하면 여론의 지탄을 받게 된다. 결국 좋은 정치와 나쁜 정치를 가르는 것은 국민의 민심이다. 민심이 나쁘면 새롭고 좋은 정치 대안을 다시 찾게 되기에, 정치와 민심은 상호 작용한다고 하는 것이다.

정치 주체인 정당의 변화하는 지지도가 어떤 이유로 어떻게 달라졌는가에 대해 각 진영에서는 여러 해석이 가능하다. 정당지지도 변화에는 국민적 공감대 형성과 정책 실패가 가장 영향을 미친다. 정당이 잘하면 국민적 공감대를 얻고, 정당이 잘못하면 정책적 실정에 대한 평가 차원에서 지지도도 떨어진다. 정당이 잘하면 결국에는 선거도 이기고, 정당의 목표점인 정권 획득과 정권 창출을 넘어 정권 재창출까지도 가능해진다. 하지만, 국민의 민심에 반하는 정치를 하게 되면 정당지지도는 떨어지고, 국민들은 새로운 대안을 찾게 된다. 정당지지도가 떨어진 정당은 선거에서 패하고, 세력이 차츰 작아진다. 결국 지지도를 회복하지 못하고 국민의 관심에서 멀어진다면 해당 정당의 소멸까지도 각오해야 하는 것이다.

 국민의 사랑을 받지 못하는 정당은 선거에서 참패하여, 지지자들은 떠나가고 정치후원금도 부족해지며, 국가에서 합법적으로 집행되는 정당보조금과 같은 예산의 혜택도 크게 줄어든다. 경우에 따라서는 후보자가 지지하는 정당 자체가 없어지거나 정계개편을 통해 흡수합당이 되는 등, 세력이 쪼개져서 흩어질 수도 있다. 정당끼리 합쳐지거나 정당이 해산할 때도 있는 만큼 후보자는 소속 정당에 대한 지속적인 관심을 계속 가져가야 한다. 정치권에서 정치인은 어느 당 출신이라는 꼬리표를 오래도록 달고 다녀야 하기 때문이다. 또, 지지하는 정당을 보면 그 후보자의 정치적 비전과 가치관을 대충은 알 수 있기 때문이다.

 또한, 대통령 지지도와 정당 지지도는 지역과 세대, 성별 등에 따라 다르게 나타나기도 한다. 그런 이유로 자신이 출마를 희망하는 지역에 대한 정당 지지도를 심도 있게 살펴볼 필요가 있다. 덧붙여, 젊은 세대와 노장층, 그리고 성별이나 소득수준 등에 따른 정당 지지도도 파악할 필요가 있다. 정당지지도는 후보자가 선거 기간 중 계속 모니터하고 참고해야 할 방향을 제시하는 자료가 되기 때문이다. 후보자의 정당이 잘하고 있으면 중앙 정당의 정책을 지역구와 접목시키면 되지만, 정당이 인기가 없으면 후보자는 정작 자신의 선거운동보다는 자신이 속해 있는 정당의 과오에 대해 유권자와 지역민에게 호소와 변명을 하고 다녀야 하는 형국이 된다.

　세대별로 인기가 있는 정당이 있고, 상대적으로 인기가 덜한 정당이 있다. 후보자에게는 이에 대한 맞춤형 분석과 탄력적인 대응이 요구된다. 지극히 상대적인 자료이긴 하지만, 좌파 지지자들은 보편적 복지, 사회적 다양성, 개인적 가치, 평등적 가치 등에 정책적 우위를 두고, 우파 지지자들은 선별적 복지, 공동체 의식, 국가의 성장, 균등한 기회 등에 정책적 우위를 두는 경향이 있다. 이에, 울산이나 거제, 광양 등과 같은 공단 지역은 노동정책이나 고용정책에 따라, 2030세대가 많은 지역은 취업정책과 주거정책에 따라 정당지지도가 많이 변화할 것이다. 정당지지도 조사 시점에 사회적 약자에 대한 중범죄가 발생했다면, 상대적으로 여성 유권자들의 관심도가 늘어난다.

　때문에 주요 정당들은 정당 지지도의 세부적인 결과를 기준으로 정책의 방향을 잡고, 사회적 문제 해결에 집중한다. 후보자가 속한 정당의 국민적 인기도가 떨어지고 정치적 신뢰를 받지 못할 때, 후보자는 소속 정당에 쇄신과 개선을 바라는 목소리를 내고 지역구 유권자들의 민심과 바람을 아래에서 위로 전달할 필요가 있다. 이 또한, 지역 유권자들의 민심이기 때문이다. 유권자들에게 자신의 소속 정당의 장점만 홍보한다면 그 또한 종국적으로는 민심에 역행하는 행보가 될 수 있다. 민심에 대한 대처는 빠르면 빠를수록 좋고, 구체적이면 구체적일수록 좋다. 언론에 발표되는 정당 지지도는 보통 전국 단위의 수치를 의미하지만, 선관위 자료를 참고하면 세부적인 시도지역별, 세대별, 성별 수치를 볼 수 있다. 단순 수치를 파악하는 것보다 이전부터 진행된 다른 정당지지도 수치들과 비교해 보는 분석력이 필요하다. 또한, 각기 다른 여론조사기관에서 행한 조사와도 비교 분석할 수 있는 역량을 갖추어야 한다. 정당 지지도가 일시적으로 나쁠 수는 있지만, 지속적이고 장기적으로 하락하는 추세라면 근본적인 문제가 있는 것이다. 또한, 후보자는 정당지지도를 상회하는 자신의 지지기반을 갖추어야 선거 출마에 대한 자신감이 커진다. 기본적으로 정당 지지도보다 후보자 자신의 지지도가 상회해야 당선가능성이 커지는 것이지, 그 반대의 경우라면 해당 정당의 공천도 확정받기 어렵고, 공천을 받더라도 최종 당선은 힘들어지는 것이다.

그런 이유로, 출마 후보자가 국정 지지도와 정당 지지도를 파악하는 것은 후보자 당선을 위한 참고자료일 뿐 절대적인 것은 아니라는 것이다. 정부여당과 대통령에 대한 국정지지도, 혹은 자신이 속해있는 정당 지지도의 수치가 후보자의 선거 결과에 영향을 미칠 수는 있지만, 모든 전국단위 선거에서 가장 중요한 당선과 낙선의 요인은 출마 후보자 당사자에게 있다. 후보자가 얼마나 잘 갖추어진 선거를 준비하느냐가 선거 당락을 좌우하는 가장 큰 요소가 된다. 후보자 개인의 역량으로는 정당 지지도의 거대한 판도를 바꿀 수 없지만, 후보자에 대한 인지도와 지지도는 후보자 본인의 노력 여하에 따라 얼마든지 끌어올릴 수 있다. 물론, 후보자의 소속 정당이 국민적 지지세를 받고 있는 형국이라면 후보자 경쟁력에도 도움이 되겠지만, 그러한 정당 지지도만을 바라보고 출마를 했더라도, 선거일을 앞두고 후보자에 대한 지지도가 소속 정당지지도 보다 낮게 나타나면 선거 당선을 기대하기란 더욱 어렵게 된다.

선거운동의 시작부터 무소속 출마를 염두에 둔 후보자도 있겠지만, 대다수는 기존 정당에서 공천을 장담할 수 없거나 당내 공천 경쟁이 불리한 상황일 때 무소속을 선택한다. 그런 점에서 무소속 후보자는 기존 정당 소속의 공천 확정자보다는 정당 지지도에서 자유로울 수 있다. 하지만, 정당지지도가 떨어진다고 해서 민심이 무소속 후보자에게 간다고 장담할 수 없기에 후보자는 최선을 다해 자신의 선거운동에 임해야 한다. 또한, 기초단위 선거로 갈수록 총선이나 단체장 선거에 비해 정당 지지도와 후보자 지지도의 괴리가 커진다. 즉, 동네선거에서는 정당 지지도 보다 후보 지지도가 더욱 표심에 영향을 미친다는 것이다. 반대로, 큰 선거인 총선이나 기초단체장 선거에서는 상대적으로 정당 지지도의 영향력이 크다고 봐야 한다.

　우리나라는 여전히 정당공천제를 선거제의 근간으로 표명하고 있다. 풀뿌리 민주주의를 표방하는 기초의회도 정당공천제를 유지하는 것에는 다소 이견이 있으나, 현재 후보자가 소속되었거나, 입당을 준비하고 있는 정당의 지지도를 모니터링하는 것은 선거를 앞둔 후보자라면 당연히 갖춰야 할 기본적인 준비요건이다. 큰 정당일수록 정당지지도의 변동이 크지 않다. 충성 당원들이 많고, 노선이 다소 고착화되어 있어서 움직임이 크지 않은 것이다. 그럼에도, 특정 사안을 계기로 정당 지지도가 상승하는 기간이 있고, 하락하는 기간도 있다. 선거를 앞둔 후보자 입장에서는 정당 지지도 상승시기에 선거가 치러지면 이익이고, 하락 국면에서 선거가 치러지면 손해다. 정당 지지도는 조미료처럼 바로 맛이 우러나는 것이 아닌, 다소 숙성시간이 필요한 민심을 반영한다. 때문에 후보자가 정당지지도에 일희일비하기보다는 묵묵히 후보자의 선거운동을 해 나가면서 소속 정당의 상승세에는 함께 탄력을 받아가고, 하락세에는 후보자의 개인기를 통해 소속 정당 지지도에서 탈피하는 것이 선거운동의 관건이 될 것이다.

제15계. 경쟁상대(競爭相對)

상대를 알고 나를 알면
백 번 싸워도 위태롭지 않다.

———

손자

크고 작은 선거판에는 언제나 정치적 경쟁자가 상존한다. YS
와 DJ처럼 거산들의 정치적 경쟁관계까지 갈 필요도 없이, 같
은 정당 내에서 같은 지역구의 같은 선거를 준비하는 당내 경쟁
자들도 있고, 당내 공천 과정을 이기고 상대 정당의 후보자를 만
나 본 선거를 다투는 선거구 경쟁자도 있다. 그 경쟁자가 입후보
를 하여 가시적으로 존재감을 드러내 보일 수도 있고, 아직 출마
표명은 하지 않았지만 언제든 선거 출마를 감행할 수 있는 잠재
적인 선거 경쟁자가 있을 수도 있다. 가시적 경쟁자는 선거 출마
표명을 하거나 출마 등록을 한 경쟁자일 것이고, 잠재적 경쟁자
는 기존 지역구에서 출마를 한 적이 있었던 출마예상자나 지역
에서 출마가 예상된다고 여러 단체나 언론에서 회자되는 경쟁

자를 일컫는다.

후보자 입장에서는 당내 경쟁자도 없고, 상대당 후보자도 없어서 선거전에서 간간이 나오는 단독 출마 당선자가 되면 참 좋겠다는 상상도 할 수 있지만, 그것은 그야말로 요행수다. 단독 출마 당선은, 출마 후보자의 당선 확률이 누가 보더라도 강력할 때나 가능한 시나리오다. 오히려 3선 연임을 해서 선거법상 출마에 제한이 있는 기초단체장 선거나 광역 시·도지사 선거 등의 현역 프리미엄이 출마할 수 없는 선거구에서는 유례없이 많은 인물들이 자천타천으로 출마 선상에 이름을 올린다.

선거는 항상 상대가 있는 싸움이다. 경쟁자가 있어야 후보자도 성장하는 법이다. 선거는 선거구 내의 유권자가 더 나은 후보자를 뽑는 행위이다. 경쟁자가 있어야 후보자들도 더욱 열심히 선거를 준비하고, 유권자도 더 좋은 후보자에게 투표할 수 있다.

출마 희망자가 지역구를 선택하는 데 있어서도 지역구 경쟁자가 누구인가 하는 것은 후보자 자신의 당선가능성과도 연계되는 문제이기에, 출마를 희망하고 준비하는 후보자들은 늘 출마예정 지역구 경쟁자들의 정치행보를 눈여겨 볼 수밖에 없다. 우선 당원들과 유권자들로부터 지속적인 성원을 받는 당내 유력한 경쟁자가 있다면, 지역구를 바꾸거나 출마시기를 조정하는 전략을 쓸 수도 있다. 반면, 당내 경쟁자가 인기도 떨어지고 흠결이 많은 사람이라면, 정치적 소신을 갖고라도 당내 경선을 통해 이겨내야 한다.

　소속 정당과 지역 유권자를 위해서라도 비전이 없고, 선거구에 대한 애착이 없는 당내 경쟁자와의 공천경쟁에서 이겨 새롭게 지역 유권자에게 다가서는 것도 후보자의 소신에 달렸다. 후보자 자신보다 배경이나 여타 이력 등이 좋더라도, 후보자가 당내 경쟁자보다 나은 점이 분명 있을 것이다. 예를 들면, 경쟁자보다 신인인 반면 젊고 새롭다든지, 지역구에서 오래도록 겸손하게 지역봉사 등에 앞장서서 민심의 평가가 좋다든지, 몇 번의 반복된 낙선으로 충분한 동정의 분위기와 쇄신의 기대치가 있다든지, 혹은 지역의 숙원사업에 경험이 많은 맞춤형 인재라든지가 지역구 유권자에게 또 달리 평가를 받을 수 있는 요소가 될 것이다.

　당내 경쟁자들은 같은 당원이자, 동지적 성격이 분명 함께하는 상생의 경쟁자다. 당내 공천이나 경선 과정이 끝나면 다시 하나가 되어 본선 승리를 위해 힘을 모아야 하는 관계다. 당내 민주주의라는 테두리 안에서 공정하게 경쟁하고, 대승적으로 결과에 승복한 뒤 하나의 결사체가 되어 본 선거에서 상대 정당 후보자를 이겨야 한다. 당내 경쟁에서는 상대 후보를 공격하더라도 넘지 말아야 할 포인트가 몇 가지 있다. 후보자와 가족의 신상에 대해 '검증되지 않은 비난'을 하거나, 공정한 당내 경선을 거스르는 명백한 해당 행위가 대표적으로 당내 경쟁자들 간에 넘지 말아야 할 요소다. 여기서 '검증되지 않은'이라고 굳이 언급했지만, 명쾌히 검증되는 내용에 대해서는 당내 당원들의 알권리를 위해서라도 비판할 수 있다.

그러니 막연한 '비난'보다는 생산적인 '비판'으로 당내 경쟁자를 상대해야 할 것이다. 정당 후보자는 개인이기에 앞서 당원이라는 점에서 해당 행위를 절대 해서는 안 된다. 당내 경선과 공천을 위해 무지막지하게 당내 경쟁자와 공격을 주고받는 난리 끝에 공천을 받는다고 하자. 그러나 당내 경선과정의 상흔이 너무도 크고, 그 파열음들이 본 선거 때 발목을 잡는 바람에 선거를 망치는 경우를 종종 보아왔다. 말 그대로 "너 죽고 나 죽자."식의 공멸이 되고 마는 것이다. 어차피 본 선거에 올라가서 상대 정당 후보자에게 난타 당하게 되면 그때는 더 큰 타격을 입기 마련이다. 때문에 명백히 검증 가능한 후보자와 그 가족의 과오가 있다면 먼저 털고 가는 것이 맞다.

종국에는 당선을 위해 지역구의 본선 상대인 다른 당의 후보들과 경쟁하게 된다. 본선에서 만나는 다른 정당 소속의 경쟁자나 기타 무소속 후보자와는 배타적이고 이질적인 관계일 수밖에 없다. 그들은 후보자가 내놓는 정책과 공약들에 사사건건 트집을 잡고, 문제를 삼는다. 지역구의 큰 행사에서 만났을 때는 반갑게 친한 척을 하지만, 경쟁 후보자가 다녀간 행사라면 그곳은 물론이고 그 이상을 다녀야 직성에 풀린다. 선거라는 거대 담론 앞에서는 친해질 수가 없는 것이다. 후보자의 입장에서는 죽고 사는 문제이며, 상대가 떨어져야 자신의 당선가능성이 더 커지는 것이 곧 선거이기 때문이다.

중앙 정치권에서도 충돌을 하지만, 지역구에서도 대결구도가 있기는 마찬가지다. 특히, 예전 선거에서 붙어 본 상대라면 더욱 그러하다. 권투경기에서 리벤지 복수전이 더욱 치열한 것과 같은 이치다. 여야 대치가 치열한 수도권을 중심으로, 후보자의 인물경쟁력이 막상막하인 상황에서 정치 환경적 분위기에 따라 승패가 정해졌던 선거구에서 종종 일어나는 현상이다. 당선자는 현역 선출직으로 의정활동을 해왔을 것이고, 낙선자는 4년 동안 절치부심하며 재기를 노렸을 것이다. 그런 이유로 선거 후에도 앙금이 남는 인간관계가 고착되어 버리기도 한다. 하지만, 이 역시도 출마를 희망하는 후보자의 숙명이다. 단지 상대 정당이 싫고, 정책이 아닌 것이기에, 상대 후보자를 너무 인간적으로 미워할 필요는 없다. 후보자의 마음만 다치기 때문이다. 향후 더 큰 정치를 하기 위해서는 상대에게도 좋은 인상을 심어줘야 후일을 도모할 수 있다. 지금 상대하는 후보자를 나중에 어디서 어떻게 만나게 될지는 모르는 일이다. 선거 승리라는 시대적 요구를 위해, 정당의 이념은 다르지만 김대중-김종필이 합세해 DJP연합을 구축해서 이회창을 이기는 것이 선거다. 김대중 진영과 김종필 진영에서 서로 욕을 하고 대선 연합체를 죽어라고 반대했던 사람들은 막상 DJP 연합이 구축되고 나서는 서로에게 민망함이 컸을 것이다. 정개개편으로 어제의 적이, 오늘의 동지가될 수 있는 곳이 제도권 정치다.

당내 경쟁자와 동지적 관계를 유지하며 경쟁해야 한다. 당장의 당선만을 보고 선거를 치루면 정치를 길게 할 수가 없다. 2007년에 치러진 제18대 대선과 새누리당 당내 경선을 대표적인 예로 들 수 있다. 당시 노무현 정권의 여러 문제들로 인해, 정권교체에 대한 국민적 요구가 거셌다. 그런 이유로, 새누리당 당내 경선 승리가 곧 최종 본선 승리라는 일념으로 박근혜-이명박 양 진영은 서로를 죽일 듯이 공격했다. 치열한 공격 끝에 이명박 후보가 최종 새누리당 후보가 되어 대선 승리를 이뤄냈다. 하지만 이명박 정권은 경선 과정에서 새누리당 당권을 잡고 있던 박근혜 중심의 여당과 임기 말까지 틀어진 사이로 지냈다. 박근혜 정권이 들어서고도 마찬가지였다. 2007년, 서로에게 공격한 혐의들이 결과적으로는 상처가 되어, 정권이 바뀌고도 서로를 해할 정도로 깊고 오래갔다는 것이다.

본선 경쟁자는 선거를 함께 치루는 파트너다. 그로 인해 후보자의 정책이 바로 서기도 하고, 새로운 대안들이 발전적으로 제시되기도 한다. 선거를 치루며 상대 경쟁자를 인정하고, 정책선거에 당당히 임하는 자세가 필요하다. 상대와 정책으로 치열하게 경쟁하되, 감정을 건드는 흑색선전에 관한 문제는 후보자가 직접 나서기 보다는 선거캠프의 법률팀이나 선관위에 조치를 구하는 것이 합리적일 것이다. 무엇보다 후보자의 얼굴에는 선거운동 기간 내내 미소가 떠나지 않아야 한다. 선거구 유권자들은 후보자들끼리 싸우는 모양새 역시 싫어한다. 물론, 선거전략 중 네거티브 전략도 상황에 따라 쓰이기도 한다. 하지만, 선거캠프끼리는 정책적으로 경쟁하고, 후보자끼리는 인물로 경쟁해야 한다. 상대 후보자도 준비를 누구보다 많이 했을 것이고, 그에 대한 열정 또한 뒤지지 않는 인물일 것이다. 상대 진영의 장점은 배우고, 본인의 단점을 버려야 선거에 이길 수 있다.

제16계. 지역정서(地域情緒)

사람은 타향에서 태어난다.
산다는 것은 고향을 찾는 일이다.

———

베르네

　선거는 주로 중앙정치권에서 정치적 환경을 만들어서 지방으로 내려오고, 차츰 지역으로 그 바람이 전달되는 것이 일반적이다. 주요 언론과 정치인이나 관계자들의 메시지와 유튜브를 통해서 전달되기도 하고, 각 정당의 홍보 전략을 통해서도 지역으로 전파된다. 중앙정치권의 청와대를 포함한 정부의 주요 부처나 국회에서 발현되는 정치적 충돌이나 파생들이 지역으로 전해지기도 하고, 사회적 큰 이슈나 사건사고에 대한 정부의 대응과 수습 상황이 실시간으로 전해지기도 한다. 하지만, 지역에 따라서는 그 지역의 특수한 문제점이나 해당 선거구에서 한정된 지역 정서들이 있다. 내용의 차이겠지만, 각 후보자가 출마를 희망하는 지역구는 저마다 특별한 특징이나 정서들을 안고 있다.

일례로, 수도권 지역이지만 역대 선거결과로 보면 보수 성향의 당선자가 줄곧 많이 당선이 되었거나, 영남 지역이지만 보수 정당 출신 국회의원과 맞서는 무소속 지자체장이 선전한다거나, 호남 지역이지만 진보 정당 공천자가 매 선거에서 무소속 출마자에게 고전을 면치 못하는 등 지역마다 특수한 정서들이 있는 것이다. 더 나아가 특정 지역구에서는 3선 이상 선출직에 유권자들이 표를 안 준다거나, 특정 지역의 특정 투표소에서는 여당 후보자의 몰표가 나오는 등 거듭되는 선거 운동을 통해 형성된 선거구 정서를 알 수 있다. 해당 선거구에서 매회 행해지는 선거에 따른 결과들과 득표현황을 분석해보면 나름대로의 지역구 정서와 표심을 읽을 수 있는 것이다.

지역구 정서를 형성하는 여러 요소에는 문중의 성씨, 동문 학교, 출신 동네, 후보자의 사회이력, 여야 강성 지역 등이 영향을 미치기도 한다. 일례로 경북 안동 지역은 안동 권씨나 안동 김씨 문중 출신의 정치 인사가 많이 나오고, 전북 전주로 가면 전주고등학교 동문 출신들이 지역의 선출직을 많이 꿰차고 있다. 또한, 단일 기초단체 도시로는 유권자 수가 부족하여, 인구 상하한선을 기준으로 복수의 기초단체를 묶어서 1개의 국회의원 선거구를 만들 때는 대체로 인구수가 많은 기초단체 출신의 후보자를 유권자들이 선택할 확률이 높다. 일례로, 영천시와 청도군이 하나의 국회의원 선거구로 묶인다면, 유권자 수가 청도군에 비해 월등히 많은 영천시 유권자들은 영천시 출신의 후보자를 선택할 확률이 높다는 것이다. 학구열이 높은 교육도시의 지역구에는 국가고시 출신자나 유명대학 교수 출신과 같이 모범적인 학교생활을 했다고 유추할 수 있는 후보자를 선호하는 편이다. 서울시 선거구로 따지면, 강남과 목동, 상계동 등이 교육정책에 특히 관심이 많다. 서초·강남·송파구 등 강남 3구는 재개발 건축 등 부동산 문제에 특히 민감하다. 또한, 여론의 변화추이가 빠른 수도권이지만, 서울 서초구처럼 전통적으로 보수성향의 후보자가 당선율이 높고, 구로구처럼 진보성향의 당선율이 높은 지역구도 있다. 경기도 북부지역 도시들은 안보 상황에 민감하고, 경기도 남부지역 도시들은 광역도시철도 연장 사업에 관심들이 많다.

또한, 지역적으로 안고 있는 현안들과 문제들도 지역구 정서를 형성한다. 해운항만 관련 산업이 극도로 부진하게 된 경남 거제시는 선거에서 해운항만 문제가 대두될 것이고, GM 자동차 철수 문제가 대두된 전북 군산시는 일자리문제와 고용문제가 선거에서 최고의 화두가 될 것이다. 강원도 고성군의 산불피해가 컸을 때는 피해대책 문제와 재발방지 대책을 주도할 적임자를 지역사회에서는 찾게 되고, 경북 포항에서는 지진피해 당시, 지진피해 대책에 대한 유권자들의 갈망이 컸을 것이다. 인천 부평구는 미군기지 이전에 따른 해당 지역의 발전 구상이 필요할 것이고, 경기 의왕시에는 공무원들의 지방이전으로 남게 된 공간활용과 상권 보호를 걱정하는 지역 민심과 정서들이 생겨날 것이다. 선거 출마를 준비하는 후보자라면 지역문제에 대해 항상 고민하고, 집중해야 하지만, 후보자가 지역문제를 어떻게 풀어나갈지는 지역구 정서를 이해하는 인식의 차이에서부터 시작된다. 막연히 전통적인 지역 과제로만 인식해서는 지역구 유권자들에게 각인될 수 없다. 후보자가 인식하기 전부터 많은 사람들이 공유해 왔던 선거구 정서이기에, 비슷한 대응으로는 비슷한 결과를 초래하기 십상이다.

물론, 고착화되어 있는 지역구 정서를 후보자 본인의 경쟁력과 인물본위로 돌파하여 예상을 뒤엎는 당선결과를 보이는 것이 선거의 묘미이기도 하다. 하지만, 후보자가 선택하거나 선택한 지역구에 통용되어 오던 지역의 정서와 유권자들의 민심을 잘 읽어 나가는 것 또한 후보자의 기본자세인 것이다. 선거구의 정서를 파악하는 것에서 후보자의 공약과 정책이 나오고 메시지가 만들어진다. 전통적으로 이어진 지역의 정서가 있다면 후보자가 잘 적응하면 되고, 새롭게 형성된 지역 여론과 정서에 대해서는 유권자들의 소통과 후보자의 정책이행을 통해 대안을 찾을 수 있다. 현대 선거전을 치르면서, 선거구 정서라는 것이 과거에 비해서 상대적으로 다소 옅어지고, 다양화되었다는 의견도 있다. 선거구 정서가 지역구에 대한 선입견으로 작용하는 통에, 지역 유권자들도 과거에 비해 특정 성씨 출신을 선호한다거나 특정 학교 출신을 선호하는 등 전통적으로 이어져 온 부정적 이미지의 지역 정서를 크게 고집하지 않으려 하는 경향도 보이고 있다. 전통적으로 형성돼 있는 지역구 정서 또한 시간이 지나고 세대가 거듭날수록 변한다는 것이다. 후보자 역시 지역 정서를 탈피하고자 후보자의 의정활동 능력을 홍보하거나 공약에 대한 검증을 통해 지역구 유권자의 판단을 받는 분위기로 변화하는 것도 새로운 모습들이다. 물론, 젊은 세대와 기성 세대의 시각은 여전히 다소 차이가 있기도 하다.

후보자는 지역구 정서를 잘 파고들어 표의 확장성을 불러와야 한다. 반대로, 지역구의 출신지나 정서에만 기대어 노력을 게을리 한다면 오히려, 그러한 지역구 정서가 후보자를 틀에 가두어 매몰시키는 역효과를 불러 올 수도 있다. 서울 강남구에서 진보 정당 출신의 후보자가 당선사례가 늘고 있고, 영호남 공히 특정 정당을 막연히 밀어주는 분위기도 예전에 비해 훨씬 덜해졌다. 전통적 지역 정서는 많이 타파되고 있고, 새롭게 지역 현안을 중심으로 발생되는 지역이슈에 대해서는 지역 유권자들의 관심도가 빠르게 높아지는 실정이다. 후보자는 선거전에 나가서 기득권에 기대는 모습을 보이게 된다면, '건방지다'거나 '성실하지 못하다'는 또 다른 커다란 지역구 민심에 반하는 인상을 남기게 되고, 그런 반작용의 결과들이 유권자들의 입을 통한 구전과 입소문으로 선거운동 분위기에 재를 뿌리게 된다. 지역구 정서에 기대어서는 안 되지만, 역행해서도 안 된다. 후보자가 출마하는 선거구에서 반복되어 이뤄지는 악습은 타파하고, 새로이 후보자가 맞게 되는 선거구 정서에 대해서는 지역 유권자들과 원활한 소통을 통해 해결해 나가는 방법 밖에 없다. 후보자가 영남 출신이라도 진보 정당 대통령 당선자가 있고, 호남 출신이지만 보수 정권 우호지역인 서울 강남에서 당선자가 나오고 있다. 지역주의나 연고주의라는 전통적 지역 정서는 옅어지고 있는 것은 분명하다. 반면, 서울 강남에서 재건축 정책을 포함한 부동산 정책에 대한 유권자들의 관심이나 그에 따른 세금 문제는 선거를 앞두고 또 다른 지역 정서로 자리매김한다.

제17계. 지역현안(地域懸案)

어떤 정부가 가장 훌륭한 정부인가?
그것은 바로 우리 스스로 통치하도록
가르쳐 주는 정부다.

___

괴테

 유권자가 투표장에 가서 투표를 한다는 것은, 지지하는 투표자가 최종 당선이 되어 지지를 보내왔던 유권자의 요구사항을 대신 일해줄 것을 희망하는 것이다. 경우에 따라서는 불편한 몸을 이끌고 버스를 갈아타야 하고, 비가 오는 날씨에도 개인의 귀중한 시간을 써가면서 투표장에 나가 참정권을 행사하는 것이다. 선거는 대의민주주의다. 또한 산업화 이후에 사회가 전문화·분업화를 이룸으로써 자신의 삶을 살아가기에 하루하루가 버거운 사람들도 생겨났다. 따라서 전문성을 갖춘 대표를 선출해 유권자를 대의하여 의사 결정을 하도록 일임하고, 그 의사 결정에 유권자들이 따르는 형태를 대의민주주의라고 한다. 유권자 각자의 요구사항들은 모두가 다를 것이다. 방향이 다르고, 정도가 다를 수밖에 없기에 투표를 통해 방향과 정도를 바로 잡아 가고, 선거가 끝나고도 당선자를 통해 자신들의 요구를 주장하게 된다. 당선자가 그에 따라 답변하는 것이 민주주의의 과정이다. 후보자는 다양한 의견들을 청취한다. 후보자 신분일 때는 주위에 자신을 지지하던 유권자들이 다수를 차지했다면, 선거가 끝난 후 당선자가 되어 선출직을 수행할 때는 자신의 지지자 뿐만 아니라 반대편에서 자신을 반대했던 지역 유권자의 의견까지도 담아내야 하는 위치에 서게 된다.

후보자는 지역 유권자들의 요구사항에 어느 하나 소홀할 수 없다. 다만, 후보자는 유권자의 요구들이 얼마나 현실 가능하며 시의적절한지, 그리고 소수보다는 다수의 공공선에 부합하는 것인지를 판단할 수 있는 능력이 있어야 한다. 선거운동 기간 중에 유권자들의 민원에 대해 무조건 덮어놓고 할 수 있다거나 지역 단체들의 요구에 '예스'만을 남발하게 되면 머지않아 거짓말쟁이가 되고 만다. 큰 정치를 하든, 작은 정치를 하든 정치인에게 신뢰는 굉장히 중요한 미덕이다. 근시안적인 득표를 위해 임시방편적인 소통을 했다가는 금방 탄로가 나고 만다. 유권자들과 진심으로 소통하고 요구사항에 진실되게 응답하면 될 일이다. 유권자들의 요구에 대해서는 다른 후보자보다 특출난 후보자의 능력을 보여주는 기회로 삼고, 반드시 해내야 할 의무들에 대해서는 유권자들과 함께 모색하는 모습을 보여야 한다. 설령 할 수 없거나 공익적 관점에서 후순위에 해당하는 요구들에 대해서는 설득과 대안 제시를 통해 해당 유권자와 지속적으로 소통해야 한다.

　물론, 상황에 따라서는 유권자들의 요구에 대한 후보자의 대응논리나 소통의 자세를 두고 지지자나 지지층이 이탈하는 경우도 있을 수 있다. 하지만, 적어도 지속적으로 소통을 하고 나서 이탈하는 지지자들이 소통 없이 거짓과 불신으로 인해 이탈하는 지지자들보다는 적다. 오히려, 지속적인 소통으로 인해 새로운 지지층이 생길 수도 있다. 지역의 모든 숙원과제와 유권자의 민원들까지 후보자가 마음에 들도록 다 해결해 줄 수는 없다. 또한, 쓰레기 매립지 유치 문제나 혐오시설 설치 문제 등 찬반이 뚜렷한 지역 사업이 후보자의 결정을 기다릴 수도 있다. 모든 유권자는 대중버스 정기노선이 유권자 자신들의 집 앞으로 지나가길 원하고, 쓰레기 집하장은 자신들의 집과는 멀리 떨어져서 건설되기를 원한다. 개인의 요구를 넘어 집단을 형성해서, 자신들의 머릿수를 들먹이며 후보자에게 입장표명을 요구하기도 한다. 유권자 개인이 아닌 공공의 문제라면 후보자는 더욱 관심을 기울여야 한다. 다만, 선거구 내에서 한 쪽이 얻고 또다른 한 쪽이 잃는 정책이라면, 후보자는 신중할 필요가 있다. 아무리 표의 논리대로 움직이는 선출직 후보자이지만, 후보자의 답변과 언행은 늘 기록되어 있는 공공재이기에 더욱 조심해야 한다는 것이다. 일례로, 노무현 정권에서 대표 정책이었던 '세종시 행정수도 이전' 정책에 대해 이명박 당시 서울시장은 절대 반대 입장을 고수했었다. 하지만, 불과 얼마 후 제17대 대선에 자신이 출마하여 충청권에 선거 유세를 가서는, 유보적인 입장으로 선회하여 충청권 표심에 접근하였다. 충청권 유권자들의 표심을 위해 상당히 공을 들였다고 볼 수 있다. 즉, 선출직 공무원의 언행은 언론기사와 누군가의 기억에 남아서 훗날 후보자 자신을 공격하는 도구가 될 수 있음을 후보자는 항상 염두 해야 한다. 겁쟁이가 되어서 모든 현안에 입을 닫으라는 말이 아니다. 유권자의 요구에 신중하게 답하라는 뜻이다.

또한, 시대와 계층, 지역, 그리고 재산 등에 따라 유권자의 요구사항들이 달라질 수 있다. 상대적이기는 하지만, 과거에는 사상과 산업화에 대한 요구들이, 시대가 지날수록 인권과 삶의 질의 문제로 변모하였다. 계층에 있어서도 전통적으로 투표율이 높았던 노년층이 과거 선거에서 주도적인 요구와 목소리를 많이 내었다면, 근래의 선거에 오면서는 중장년층이 적극적인 의사표현을 보이고 있는 추세이다. 또한, 수도권에서는 규제완화와 환경문제에 관심도가 커지고 있고, 지방에서는 균형발전과 새로운 성장동력에 대한 관심도를 주문하고 있다. 재산이 많은 사람은 금융과 개발문제에 관심이 높고, 소외계층은 복지문제와 취업문제에 대한 해법을 후보자와 정치권에 주문하는 추세이다. 이 또한 지속적으로 다양해지고, 다변화하고 있는 실정이다. 청년층은 취업문제와 주거문제에 대한 요구가 많을 것이고, 장년층은 세제문제와 고용문제에 관심이 많을 것이며, 노년층은 복지문제와 요양문제에 대한 요구가 상대적으로 많을 것이다. 하지만, 후보자 신분일 때와는 달리, 당선자 신분일 때는 책임의 무게가 다르다. 후보자는 많은 유권자들을 지지자로 만들기 위해 모든 유권자들의 요구에 호의적으로 소통을 하지만, 당선자는 현실적으로 책정된 예산과 적법한 행정 절차를 고려하기에 유권자들의 요구 사항들이 실현되는 데 시간이 걸리기도 한다. 공용주차장을 설치해 주자니 어르신들 주거환경 비용이 모자라고, 미취학 아동들을 챙기자니 취준생들이 안타까워지는 등 모든 행정에 있어 기회비용에 대한 미련이 남게 된다.

유권자들의 요구가 다양한 만큼 후보자는 선거를 앞두고 시대정신을 읽을 수 있는 능력을 갖추어야 한다. 보수 정당의 후보자라 하여, 대북문제에서 일반적이고 반복적인 대북강성 노선만 주장해서는 안된다. 반대로, 진보 성향의 후보자라 하여, 복지문제에 대해 일방적인 보편적 복지만을 주장할 수도 없는 일이다. 재화와 예산은 한정되어 있으므로, 정책에는 시의성과 우선순위가 있어야 한다.

사회는 지금 이 시간에도 변화하고 있고, 요구들도 그에 따라 다양해질 수밖에 없다. 후보자는 유권자의 요구에 대한 나름의 답변들에 준비되어 있어야 한다. 후보자는 선택에서 배제된 유권자들로부터 비난과 반대여론에 직면할 수 있다. 후보자에 대한 지지철회를 비롯해 오히려 경쟁하는 후보자로 넘어가서 상대후보자를 돕는 유권자도 생길 수 있다. 하지만 이러한 경우에도 후보자는 선택을 해야 한다. 선택을 선거 이후로 미루어서 합치된 의견을 조율하는 것이 가장 이상적인 대응이긴 하지만, 선거를 목전에 두고 유권자들이 후보자의 답변을 필요로 한다면 후보자의 소신과 상식으로 답변을 하고, 그 답변에 대한 유권자의 선택을 받으면 될 것이다. 혹여나 후보자의 답변이 유권자들을 설득하지 못했다면 낙선하는 것이고, 후보자의 결정과 의지를 믿고 따라주는 유권자가 다수라면 당선자가 되어 표로 확인한 유권자의 민심을 집행하면 될 것이다. 후보자의 의지와 유권자의 요구가 합치될 때 득표로 연결되는 것이고, 유권자의 요구에 부족한 응답을 주거나 설득에 실패하게 되면 유권자는 투표를 포기하거나 새로운 대안 후보자에게 투표하게 되는 것이 냉정한 선거판이다. 유권자들의 요구 사항을 확인하는 것이 선거제도이다.

제18계. 전문조력(專門助力)

집안에 어진 어버이와 형이 없고
바깥으로 엄한 스승과 벗이 없이,
뜻을 이룰 수 있는 자가 드물다.

———

여희철

출마를 위해 후보자 등록을 하게 되면, 해당 지역구의 선거 전문가들을 직·간접적으로 알게 된다. 선거 전문가와 선거 브로커는 종이 한 장 차이다.

선거홍보 기획사, 여론조사 기관, 그리고 경우에 따라서는 기자출신 작가나 정당 당직자 생활을 경험한 그룹 등이 선거 전문가로 일컬어진다. 지역구 선출직의 전임 경험자나 지역의 관변단체, 혹은 시민단체 대표자 등도 여기에 속한다. 후보자의 요청에 의하여 선거 전문가들이 영역별로 후보자를 지원할 수도 있고, 선거 전문가 쪽에서 후보자의 당선 가능성을 보고 먼저 동참하는 경우도 있다.

선거 전문가와 함께 일하기 위해 가장 우선적으로 필요한 사항은 후보자와의 상호간 신뢰라고 하겠다. 그들은 선거 당선이라는 공동의 목표와 공동체 의식을 바탕으로, 일반 유권자나 지지자들과는 달리 선거의 판세를 읽는 역할을 한다. 후보자를 선의로 도와 지역발전과 정치발전을 도모한다는 대의 외에, 이들이 바라는 소정의 목적이 무엇인지에 대한 교감이 있어야 한다. 세상에 공짜는 없기 때문이다. 선거 전문가 그룹이 심적으로 후보자를 도와서 순수하게 후보자의 당선만을 바란다면 아무런 문제가 없겠지만, 선거 전문가들은 나름의 목적을 안고 후보자의 선거캠프에 동참하기 마련이다. 그것이 물질적인 보상이든, 향후 지역사회에서의 공생관계든, 각자가 안고 있는 구상들과 나름의 목적이 분명히 있을 것이다. 선거 전문가는 상대 선거캠프와 지역에 보는 눈들이 여럿 있기에 신중한 편이고, 후보자는 비용이 드는 문제이기에 신중할 수밖에 없다.

만약 선거운동을 한창 펼치던 중 상호간에 신뢰가 깨어지거나 당선 후 사이가 틀어지게 되면 서로에게 너무 큰 상흔이 남기도 한다. 선거운동 기간 중에 일어나는 선거법 위반의 대부분의 사례들이 당선이 유력한 후보자의 선거 캠프에서 비일비재하게 일어난다. 즉, 당선이 유력한 선거캠프에는 구성원 각자의 계산과 셈법이 따로 있다는 것이다. 후보자 당선과 동시에, 선거 전문가들은 계산서를 청구하는데, 여기에서 선거 전문가와 후보자의 계산법이 달라지면 사고가 발생한다. 모든 캠프에서 선거사범이 발생하거나 선거 전문가와 악의적 관계를 형성한다는 의미는 아니다. 경중은 다르지만, 후보자가 선거 전문가를 막연하게 자원봉사자로 생각할 수만은 없다는 현실을 강조하고픈 것이다. 후보자와 선거 전문가는 선거운동 내내 동행하며 서로를 보완하는 관계가 되는데, 이 둘의 조합이 선거캠프의 분위기에 지대한 영향을 미친다.

선거의 체급에 따라 선거 홍보업체의 규모나 기능도 달라진다. 큰 선거에서는 기획뿐 아니라 선거 자문까지 하는 큰 업체와, 작은 선거에서는 후보자의 홍보물 제작 정도를 담당하는 작은 업체와 소통한다. 합리적인 예산 안에서 완성도 있는 결과물이 나와야 하고, 선거 전략은 물론 후보자의 개인사까지 늘 소통하며 보안을 지켜야 하기에, 홍보 업체 선정에는 신중해야 한다. 그렇기 때문에 단순히 돈만 주고 계산하면 된다는 의미만으로 후보자는 파트너를 정하면 안 되는 것이다.

후보자는 주요 정당들이 포진한 서울 여의도의 기획사를 활용하기도 하지만, 대체로는 발 빠른 대처와 지역 유권자들에게 배포할 목적으로 출마 지역구의 주요 기획사를 찾기도 한다. 또한, 지역 상권 살리기의 일환으로도 후보자의 지역에서 많이 소개를 받기도 한다. 지역 사정을 잘 알기도 하고, 후보자와 자주 소통할 수 있는 장점이 크기 때문이다. 기획사는 후보자에게 가장 알맞은 이미지와 정책을 후보자의 색깔로 뽑아내는 작업을 담당한다. 같은 정책, 같은 구호도 후보자에게 어떤 식으로 녹여 내느냐가 기획물의 관건이다. 그런 만큼, 비밀유지도 중요하고, 후보자와 상시적으로 소통하고 토론해야 한다. 기획사는 후보자의 명함과 선거홍보물, 선거운동 의상, 구호 현수막, 건물 현수막과 간판, 선거차량 디자인, 선거 포스터 등 홍보와 관련된 총괄적 실무를 담당한다. 잘못한 구호나 잘못된 표기, 디자인은 역으로 후보자의 이미지를 가장 빨리 실추 시키기에 꼼꼼하게 따져보고, 거듭 확인해야 하겠다. 보통 선거캠프의 기획 담당자와 선거 전문가가 한 팀으로 움직이고, 선거운동의 사안별로 함께 대응한다. 선거운동의 기획과 관리라는 커다란 역할을 담당하게 되는 것이다. 선거운동에 쓰이는 제작물들은 후보자의 득표율과 제작물의 성격에 따라 선거비용 처리가 되어 선거비용 보전을 받을 수도 있다.

다음은 여론조사 기관인데, 선거구에서 출마를 준비하는 후보자에 대한 인지도나 지지도 조사를 시행하는 역할을 담당한다. 여론조사 기관 자체가 선거운동을 하면 불법이다. 하지만, 후보자가 유권자에게 선거운동 자료로 알고 싶어하는 내용이 있다면 합법적인 여론조사 기관을 선정하여 여론조사를 의뢰하거나 후보자가 원하는 내용들을 수렴할 수 있다. 후보자에 대한 인지도나 지지도에 대한 내용을 포함해서, 유권자들이 지역에 바라는 숙원사업이나 정치인에게 바라는 비전 등을 여론조사를 통해서 알 수 있는 것이다. 여론조사는 조사 내용과 방식에 따라 비용이 다르기에, 비용과 함께 여론조사 내용을 선관위에 신고하고 검수를 받게 된다. 위법한 내용이나 허위사실을 담고 있어서는 안 되기 때문이다. 보통은 지역 언론사에 의뢰하지만, 선거에 따라서는 중앙의 주요 언론사에서 자체적으로 실시하는 여론조사를 후보자는 선택적으로 활용할 수 있다. 선거운동 기간 중간에 유권자들에 대한 자신의 인지도를 알고 싶거나 후보자 자신이 중점적으로 추진하는 공약이나 정책에 대한 지역 유권자들의 여론 청취를 할 때도 요긴하게 쓰일 수 있다. 경우에 따라서는 전략적으로 특정 지역구에 대한 후보자의 인지도를 조사해 본 후, 해당 선거에 출마를 확정하는 참고자료로도 사용할 수 있고, 실시된 여론조사의 결과가 후보자에게 유리하게 나왔다면 후보자의 선거 홍보수단으로 사용할 목적으로도 여론조사를 이용하기도 한다. 당연히, 모든 여론조사는 선거법에 따라 실시해야 하며, 여론조사라는 본래적 목적 외에는 신중하게 활용해야 할 선거 기법이다. 덧붙여서, 후보자에게 불리한 여론조사 결과에 대한 반증자료로 사용할 수도 있다. 유권자들은 여론조사의 단순 수치만을 보고 판단하는 경향이 크다. 때문에 상대 후보자 측에서 배포하는 불리한 여론조사 결과에 후보자는 피해를 볼 수 있는데, 이런 상황에서 여론조사를 자체적으로 실시한 내용이 있다면 요긴하게 대처할 수 있다. 조사방식이나 조사대상에 따라 비용과 대응논리가 달라질 수 있다는 이유로, 실시하는 후보자 진영에 따라 그 결과를 놓고 해석하는 방식도 상호간 달라질 수 있다. 또한, 후보자의 부족한 부분에 대한 대처 자료로 사용할 수도 있다. 이는 후보자의 약한 부분이나 지지도가 낮게 나오는 영역에 선거전략을 집중하게 하는 기본 자료가 된다.

선거 전문가 그룹에는 프리랜서로 움직이는 작가나 언론인 출신의 메시지 전문가 그룹이 있다. 이들은 후보자의 스토리를 구상해서 지역 유권자들에게 쉽고, 공감가는 후보자의 메시지들을 생산하고 홍보하는 역할을 한다. 후보자의 성장과정과 학창시절, 혹은 배우자와 가족의 인간미를 뽑아내고, 후보자의 사회 이력과 성과, 그리고 업적 등을 통해 유권자의 판단을 이끌어내는 작업을 한다. 후보자의 출마 당위성, 능력에 대한 홍보, 지역을 위한 희생과 봉사 등의 메시지로 유권자의 감성과 이성에 접근하는 것을 두고 흔히, 이미지를 만들어 낸다고 한다. 이들이 만들어낸 후보자의 긍정적인 이미지를 선거 기획사에서는 후보자의 홍보물로 도출해 낸다. 그밖에도 지역구 출마 선배 그룹과 지역의 대표단체 인사들이 있다. 이들은 후보자가 출마하는 선거구를 후보자보다 먼저 경험해 보았으며, 누구보다도 지역 여론을 주도하는 그룹이다. 때로는 여론을 왜곡하기도 하고, 때로는 여론을 형성해 지역에 확산시키기도 한다. 후보자가 이들 모두와 친하면 더없이 좋겠지만, 선거는 상대가 있는 제도이기 때문에 그 반대편에 서 있는 선거 전문가들도 많다. 선거는 후보자와 지지자 그리고, 선거 전문가 그룹이 함께 치루는 종합예술과 같은 것이다. 하지만, 이 모든 책임의 정점에는 후보자가 있다는 것도 명심할 일이다.

실전편

實戰編

4
—

출마
(出馬)

제19계. 출사표(出師表)

참여하는 사람은 주인이요,
그렇지 않은 사람은 손님이다.

———

도산 안창호

   후보자는 예비후보 등록을 전후로 언론이나 구두 발표를 통해 출마선언을 한다. 후보자가 선거 출마 결심을 표명하는 것을 두고 흔히, 출사표를 던진다고 한다. 원래 출사표는 '군대를 일으키며 임금에게 올리는 글'이라는 뜻이다. 소설 〈삼국지〉의 배경인 중국 삼국시대 촉나라의 재상 제갈공명이 위나라를 토벌하러 떠나며 임금에게 바친 글에서 유래했다. 전쟁에서 장수가 숙연한 마음가짐으로 전장에 나가듯, 후보자가 선거에 출마하는 목적과 비장한 각오를 담은 표식이기도 하다.

   후보자 입장에서는 지역 유권자들에게 선거에 임하는 자세와 출마의 의미 등을 전하는 첫 번째 과정이며, 유권자와의 첫 상견례이므로 굉장히 의미 있는 '선거 운동의 일환'이라고 할 수 있다. 후보자가 비로소 정치인의 일원으로 지역 유권자에게 자신의 정치관과 정치 의지를 표명하면서, 지역을 위해 활동할 의정활동 계획과 공약, 정책, 가치관, 문제 인식 등 여러 정치적 행보를 함의하기 때문에 출사표는 축약된 선거운동 계획서와도 같기 때문이다. 그런 이유로 출마를 대외적으로 공표하는 날짜에 있어서도 후보자는 출마일의 시간적 의미나 출사표에 담을 함의적 내용을 오랜 시간 고민하기도 한다. 예를 들어, 정치적 상황을 고려해서 언제 출마선언을 할 것인지, 현 정치적 분위기에서 어떤 화두를 담아 출사표를 던질 것인지 등의 판단이 뒤따른다. 큰 선거를 준비하는 후보자일수록 거대담론의 의미를 담아서 출사표의 내용을 구성하고, 기초의원 등 작은 선거의 후보자일수록 지역의 정서나 현안에 집중하는 경향이 있다.

출사표에 어떤 내용을 담을지는 후보자마다 다를 수 있다. 출사표는 단순히 출마 사실만을 알리는 것이 아니라, 기본적으로 후보자의 삶을 반영해야 한다. 무조건 출마하니까 뽑아달라는 식의 일방적 통지글이 아니라 후보자가 필연적으로 이번 선거에 출마하게 된 계기와 의미, 자신의 필승 각오, 상세하고 구체적이지는 않아도 선거에서 강조할 정책과 비전, 출마 지역구에 대한 후보자의 애정 등을 담아야 한다. 한마디로 후보자가 왜 출마를 했으며, 무엇 때문에 당선되어야 하는지를 유권자에게 잘 설명해야 하는 선거 자료다. 이에, 통상적으로 출사표는 후보자가 직접 스토리를 뽑아내고, 강조하고픈 내용에 힘을 주어 구성해 선거 전문가들의 수정과 지지자들의 공감대를 거쳐 완성본이 나온다. 유권자에게 첫 인상의 방점을 찍기 때문에, 후보자만의 매력과 비장함이 출사표에 묻어나면서도 후보자의 홍보 글귀와는 분명히 다른 유권자와의 감성적 공감대를 형성해야 한다. 하지만, 과욕은 금물이다. 유권자에게 후보자를 처음 소개하는 만큼 절제된 내용과 적당한 궁금증을 자아낼 필요도 있다. 출사표 하나에 너무 많은 내용을 담고, 모든 공약을 할 수 있다고 후보자 자랑만을 내세워서도 안 된다. 좋은 출사표는 유권자가 후보자의 앞으로의 선거 운동과 선거 전략에 기대감을 갖도록 하고, 후보자에 대해 신뢰감을 갖도록 한다.

후보자가 출사표를 발표하는 일시와 장소에 또한 의미를 둘 수 있다. 자신의 삶에서 의미가 있었던 날과 출마일자를 연관시켜 발표를 할 수도 있고, 출마 지역구의 의미 있는 시기와 출마 일자를 연계시켜 출마의 명분을 세움으로써 더욱 폭넓은 유권자들에게 다가갈 수도 있다. 후보자의 삶에 영감을 준 출마지역의 장소나 지역적 상징성을 갖는 명소를 발표 장소로 택할 수도 있다. 보통은 상주하는 기자단이 많고 자치 의회라는 이유로 시·군청의 기자회견실을 주로 활용하고 있다.

출마선언을 하는 형식 또한 여러 가지 모양새를 갖출 수 있다. 후보자의 지지자들을 대동하고 출마선언을 할 수도 있고, 코로나19의 방역문제로 화상방송이나 유튜브를 통한 공개선언도 가능해졌다. 단, 주의해야 할 점은 후보자의 출마일자가 국내외 뉴스나 중앙정치권의 이슈가 크게 보도되는 날이나 경쟁 후보자가 출사표를 내는 날과 겹치지 않도록 하는 것이다. 후보자의 출마선언은 후보자만이 조명받고 최상으로 유권자들의 관심이 고조되어 있을 때를 노려야 하는 것이다. 후보자의 출마 소식이 지역의 다른 소식이나 여론에 묻혀서는 안 된다. 단순한 시민의 위치에서 직접 선수로 뛰게 되는 정치인으로서의 출사표이기에, 큰 선거를 앞두고 출마를 발표하는 날짜를 점집이나 집안 어르신과 협의하여 따로 전수 받는 후보자도 있을 정도이다. 출마 발표를 하는 장소 역시 후보자의 가치관과 배치되는 장소나 출입이 제한되어 있는 장소, 사람들의 공감대를 얻을 수 없는 발표 장소는 피하는 것이 낫다. 예를 들어, 번잡하게 소란스러운 장소나 교통체증이 큰 곳, 후보자의 발표 발언이 잘 들리지 않는 장소는 피해야 한다.

후보자 또한 출사표를 표명하는 것을 계기로 다시금 출마에 대한 의지와 당선을 향한 마음을 다지게 되고, 유권자에 대한 약속을 되새기게 된다. 유권자에게 커다란 홍보 효과와 흥행성을 갖기 위해 출사표를 지역구 언론에 보도자료 등을 통해 전달하고, 자신의 홍보매체인 SNS 공간에 개제하거나 선거사무소에도 비치하며 후보자의 선거운동 시작을 알려야 한다. 출사표는 후보자가 자신에게 쓰는 일기장이 아니다. 유권자에게 쓰는 고백 편지와 같은 것이다. 지역구 유권자들이 느끼는 출사표의 첫인상은 소개팅을 할 때처럼 중요하다. 출사표는 후보자를 호감 있게 만들기도 하지만, 자칫 무색무취의 매력 없는 후보자로 상기시켜 후보자의 차후 선거운동에 기대치를 떨어트리기도 한다는 점을 결코 잊어서는 안 된다.

우리는 역사적으로 뛰어난 정치인들의 출사표와 명연설을 기대한다. 링컨, 처칠, 체게바라, 오바마, 이승만, 박정희, 김영삼, 김대중, 노무현 등 정치인의 빼어난 출사표와 출마선언은 많은 사람에게 공감을 주고 희망을 안긴다. 유권자들이 후보자를 통해 희망을 찾는다면, 그것이 바로 득표활동이다. 희망, 상생, 발전, 도약, 꿈, 개혁, 개발, 비전 등의 단어는 여러 출마자들의 출사표에 자주 등장하는 단어이다. 그만큼 많은 후보자들의 출사표는 미래를 담은 내용들로 유권자에게 호소한다. 후보자의 출마선언을 접하고, 후보자의 이름을 포털검색 해보거나 후보자의 SNS를 찾는 유권자들이 많다면 그것이 성공적인 출사표가 되는 것이다. 유권자에게 매력적인 출사표를 던지는 전략이 필요하다.

제20계. 예비후보(豫備候補)

선거는 누군가를 뽑기 위함이 아니라
누구를 뽑지 않기 위해 투표하는 것이다.

—

프랭클린P. 애덤스

　　출마 희망자는 해당 선거구에 있는 선거관리위원회를 찾아 예비후보 등록을 하게 되면서 선출직 후보자에 준하는 예비후보자 신분이 된다. 출마예정자에서 예비후보자, 즉 선거를 구상만 하고 있는 유권자의 위치가 아닌 선출직 후보자로의 위치에 서게 되는 것이다. 예비후보 등록은 본선거 운동 기간인 23일 동안의 공식 선거운동기간 외에 제한된 선거운동을 할 수 있는 제도이다. 선거관리위원회에서 선거에 출마할 후보자가 유권자에게 자신의 이름도 알리고 선거에 대한 관심을 고조시키기 위해 착안한 제도이며, 대통령은 선거일 240일 전, 국회의원과 광역단체장, 교육감은 120일 전, 지방선거의 경우 광역의원과 시의원, 시장, 구청장은 90일 전, 군의원과 군수는 60일 전부터 예비후보 등록을 받고 있다. 하지만, 예비후보 역시도 엄연히 선거법에 규정된 선거운동과 규정을 따라야 한다. 즉, 예비후보 등록을 통해 선거운동의 혜택이 주어지는 만큼 법적·제도적 책임도 함께 부여된다는 것이다. 선거법을 위반하는 것을 늘 조심해야 하고, 공적 후보자가 되면서 주어진 사회적 책임과 의무감도 함께 실천해야 한다.

중앙선거관리위원회에서 소정의 후보자 관련 자료 제출과 본선거 기탁금의 일정금액을 분납하여 예비후보로 등록할 수 있다. 정식으로 선출직 후보자에 등록하면서, 선관위 홈페이지와 지역 언론에 공식적으로 등재되고, 여론조사 등에도 포함되게 된다. 예비후보자의 선거운동 기간 동안은 각 선거구에 소속정당이 같은 후보자들이 많이 존재한다. 그 이유는 예비후보자들이 소속된 정당의 후보자 공천 확정 작업을 중앙당 공천에 지원한 예비후보자들의 전체 후보군에서 일정한 심사를 거쳐 정하기 때문이다. 호남에 가면 진보 정당 출마를 원하는 예비후보자들이 많고, 영남에 가면 보수 정당 출마를 원하는 예비후보자들이 많은 이유로, 중앙당의 후보자 공천 확정 전까지는 많은 예비후보자들이 동일 선거구에서 같은 정당을 표방하며 선거운동을 할 수 있다. 이에, 정당가입을 하지 않았거나 정당생활을 하지 않고 입후보하는 후보자라면 예비후보 등록을 앞두고 정당가입을 통해 특정 정당의 소속으로 입후보 하는 경우가 많다. 정당에 가입하게 되면 후보자의 이념과 정치관을 홍보하기에 용이하고, 정치적으로 경험이 풍부한 당원들과 지역 유권자들을 만날 수 있는 기회도 커지기 때문이다. 즉, 정당에 가입하는 것 자체가 정치활동의 커다란 지지기반을 얻는 것과 동시에 공정한 경쟁을 통해 당내 공천을 확득하고자 하는 의지를 보이는 것이다.

예비후보자는 어깨띠나 선거 유니폼, 표지물 등을 착용하여 예비후보자임을 유권자에게 알리며 선거운동을 할 수 있으며, 문자메시지나 이메일을 이용한 홍보활동도 가능하게 된다. 무엇보다 가장 큰 강점은 후보자와 후보자의 배우자 등이 선거명함을 유권자들에게 배포할 수 있다는 것이다. 또한, 선거구 내 총 세대수의 10% 범위에서 예비후보자의 홍보물을 제작하여 발송할 수도 있다. 정치 신인일수록 지역 유권자들에 대한 후보자의 인지도 올리기가 시급하므로 아주 요긴하게 쓸 수 있다. 예비후보자 선거사무소를 얻거나, 선거사무소 벽면에 홍보현수막을 걸 수도 있다. 당연히 선거사무소는 지역 유권자들과의 소통의 장으로 활용할 수 있고, 지지자들의 자유로운 홍보공간으로도 사용할 수 있다. 그런 이유로, 대개 선거를 앞둔 입후보자들은 선거구 안에서 가장 유동인구가 많은 곳이나 번화가 중에서도 눈에 잘 보이는 건물을 선거사무소로 활용한다. 또한, 국회의원과 시·도지사 예비후보자는 후원회를 등록하여 정치자금도 모금할 수 있다. 이런 장점들로 인해 정치신인의 경우 대체로 예비후보 등록을 빨리하는 편이다. 물론, 현역으로 선출직 임기를 이어가는 출마희망자라면 예비후보 등록을 미루는 경우도 있다. 현직 선출직으로 예산권과 인사권, 집행권 등을 최대한 활용하여 현역 프리미엄을 누리며 지역에 대한 여론을 다진 후에 사퇴시한을 목전에 두고 사퇴하는 경우도 많다. 대체로 후보자의 인지도 고취를 노리는 후보자는 예비후보 등록을 서둘러서 하고, 현역 프리미엄을 노리는 현직 선출직은 그리 서두를 필요가 없는 것이다.

예비후보 등록은 투표일 직전에 지역 선관위에서 일정기간 동안만 등록 신청을 받기에, 후보자가 챙겨야 할 자료들이 많다. 후보자와 후보자의 직계존비속에 관한 납세, 병역, 전과 등 일신상의 개인적 자료부터 선거사무소, 선거명함, 어깨띠 등 선거 홍보 관련 구상까지도 다 정리된 상황에서 예비후보 등록을 하는 것이 수순이다. 선관위 등록 따로, 선거운동 홍보물 구상 따로 해서는 1분 1초가 바쁜 후보자에게 득이 될 것이 없다. 우리나라는 국회의원 300명과 대통령 선거를 제외하고는 거의 4년마다 진행되는 전국지방선거에 출마하는 선출직이 대부분이다. 단순 수치만 따져 봐도, 기초단체장 220여 개, 광역의원 820여 개, 기초의원 2,920여 개에다 광역단체장과 교육감 선거를 비롯한 교육위원 선거가 동일한 날에 치러지기 때문에 도합 4,000여 개 이상의 선출직 선거가 한날 한시에 진행된다고 보면 된다.

4,000여 개의 선출직 자리를 놓고 주요정당에서 4명 이상씩은 경쟁하리라 추산된다. 지방선거에서 예비후보자가 아닌 본선거 후보자로만 계산을 하더라도 선출직 4,000 자리 × 주요경쟁 후보자 4명 = 16,000명 정도가 경쟁할 것이라는 단순 계산이 가능하다. 선거가 치열해지고, 후보자가 난립한다면 그 이상의 후보자가 출마한다고 생각해도 무방하다. 즉, 어림잡아 1만 6천 명이 선출직을 준비하는 상황에서 후보자가 출마를 준비해 왔다면, 선거 준비를 위한 제출 서류들과 자료들도 미리미리 챙겨둬야 할 것이고, 실력 있는 선거 조력자들과 선거 홍보기획사와도 만반의 준비를 해두는 것이 선거를 목전에 두고 서두르는 후보자보다는 훨씬 선거운동에 유리할 것이다.

지역구에 예비후보로 등록함과 동시에, 예비후보자 신분이 되고 동시에 지역 정치권에 정식으로 데뷔하게 되는 자연스러운 절차를 맞게 된다. 본 선거 후보군으로 유권자와 지역 언론에 인식되기 시작하고, 주위의 지인과 친구들에게 자연스레 소식들이 전파된다. 반면에, 같은 선거구를 두고 경쟁하는 같은 당의 후보자들이나 당이 다른 후보자들까지도 엄연한 경쟁자로 인식하게 되는 계기가 된다. 또한, 선거관리위원회의 홍보지침과 그에 따른 안내와 지도도 함께 받게 된다. 선거운동 행위를 하게 됨으로 인해 자신의 인지도가 올라가는 반면에 그에 따른 엄격한 관리를 제도권에서 받게 되는 것이다. 또한, 정치 일선에 발을 담군 주요 구성원이 된 이유로, 살면서 일상적으로 하게 되던 행동거지와 말투도 조심해야 한다. 예비후보자 입후보를 한 이상 소위 공인이 된 것이다. 너무 인위적인 행동을 하는 것도 문제가 있겠지만, 선거를 앞두고 격식 없는 행동을 해서도 안 될 것이다. 후보자의 가족도 마찬가지다. 술자리도 조심해야 하고, 일상적인 표현에 있어서도 좀 더 신중하고 진실된 자세가 필요하게 된다.

예비후보 등록을 하고 선관위 사무실을 나오면 그때부터 후보자 신분이다. 후보자 움직임과 행동 모두가 선거운동이다. 자칫 후보자의 행동에 반감이 가면 선거운동을 잘못한 것이 된다. 항상 많은 눈과 귀가 후보자와 후보자 가족을 향해 있다고 생각해야 할 것이다. 그래서 후보자의 출마에 가족들의 동의와 지지가 절대적으로 필요한 것이다. 때로는 후보자의 정책이나 이력보다 후보자의 행실이나 사심 없이 했던 언행에 선거 분위기가 요동칠 수 있다. 그런 분위기가 선거운동 막바지까지 회복되지 못하면 결정적으로 선거결과의 당락을 좌우하기도 한다. 유권자와 상대 후보자 진영에서는 후보자를 계속 보고 있기 때문이다.

제21계. 정책공약(政策公約)

아는 것이 힘이다.

———

프란시스 베이컨

 예비후보 등록과 함께 예비후보자 신분이 되면 후보자는 자신의 인물경쟁력 뿐만 아니라 지역구의 비전을 제시함으로써 유권자들의 판단을 받게 된다. 그런 의미에서 후보자의 대표 공약과 슬로건은 선거가 마무리되어 후보자의 당선 유무가 나올 때까지 줄곧 후보자의 이미지를 형성하는 표찰이 된다. 대표 공약에는 후보자의 핵심 사업계획을 유추할 수 있는 내용이 담기고, 슬로건은 후보자가 이번 선거에 임하면서 유권자들에게 자신을 어필하는 선거 주제라고 할 수 있다. 그래서 대표 공약과 슬로건을 정하는 작업은 많은 토론과 소통을 통해 신중히 확정해야 한다. 선거구 유권자들이 생각하는 주요관심사가 무엇인지를 파악해서 후보자의 선거공약과 대표 슬로건을 정하게 된다. 정치를 하는 후보자의 입장이 아닌, 개인적 관심사항으로 공약을 정리하면 더욱 유권자들의 눈높이에 맞는 내용들이 정리될 것이다. 또한, 후보자의 공약이나 슬로건에 공감하는 단체나 조직이 많을수록 좋다. 공약은 복잡하거나 오해의 소지가 있는 부분은 배척하고, 구체적이되 미사어구를 피한 뚜렷한 표현을 사용해야 한다. 무엇보다 추상적이고 이상적인 원론적 표현보다는 핵심을 공략하는 간결하고도 감성적인 표현이 최근 선거에서 공약과 슬로건의 트렌드이다. 일상적으로 사용하는 생활 용어가 오히려 전문적 용어나 문구보다 효과적인 것이다.

후보자의 대표 공약이 지역 선거구의 이슈를 선점할 수 있는 내용이면 더욱 전파성이 좋아진다. 보통 같은 선거구 내의 숙원사업이나 요구사항들은 정해져 있는 경우가 많다. 우리 지역구에 무엇이 만들어져야 한다, 무엇을 설치해 달라, 무엇을 철거해 달라, 어디까지 혜택을 달라 등의 숙원사업들이 출마 후보자의 체급에 따라 요구되어진다. 즉, 국회의원 후보자에 대한 유권자들의 요구사항과 기초의원에 대한 유권자들의 요구들이 달라진다는 것이다.

한편, 이런 동일한 숙원사업을 후보자의 대표 공약으로 선정하기에는 전파성과 확장성이 없다. 해당 선거구에 출마한 모든 후보자들의 정책자료집에 모두 들어가 있기 때문이다. 그러면 어떤 내용을 후보자의 대표 공약으로 꼽을 것인가? 후보자가 구상하는 여러 공약 중 대표 공약으로 만들기 위해서는 먼저 몇 가지 전제 조건이 필요하다. 첫째, 유권자들의 보편적 열망이 담겨야 한다. 둘째, 다른 공약들 보다 적극적이고 우선순위에 두어야 한다. 셋째, 독창적이되 실현가능성이 높아야 한다. 넷째, 지역의 정서와 특징에 부합해야 한다. 이와 같은 전제 조건들에 합치된다면, 후보자는 이를 기초로 실현가능한 로드맵을 산출하여, 핵심적으로 홍보되어야 할 어법으로 전달하는 과정을 거쳐야 한다. 즉, 알기 쉽고 널리 전파되는 대표 공약이면 금상첨화이다. 대표 공약을 듣게 되면 후보자가 연상되도록 선거전을 거듭할수록 반복적이고 심층적으로 유권자들에게 홍보하고, 검증받아야 한다. 경우에 따라서는 경쟁 후보자들과 유권자들에게 검증을 요구받게 되기도 한다. 후보자는 이 시기에 준비된 보조 자료들과 축적된 정보를 통해 그들을 이해시키고, 설득하는 과정도 거치게 된다. 좋은 대표 공약일수록 외부로부터의 공격은 자연히 많아진다. 당연히 그 공격들을 잘 견디고, 인정을 받아야 후보자의 대표 공약이 된다.

대표 슬로건은 후보자의 선거 정신을 축약하는 언어다. 후보자의 선거 공약을 전파하기 위한 기본적 문구와 구호를 기억하기 좋게 단 몇 개의 단어로 담아내야 한다. 훌륭한 슬로건은 후보자와 공약을 연상시켜주어 유권자로 하여금 자연스레 후보자의 이미지가 이입되는 문구이다. 광고와 언론의 헤드라인이나 카피문구가 단순히 전달에만 목적을 둔다면, 후보자의 대표 슬로건은 내용 전체를 함축적이고, 상징적으로 축약하기 때문에 더욱 그 의미가 커진다. 에이스침대의 '침대는 가구가 아닙니다, 과학입니다'라는 슬로건이나 문재인 대통령후보 시절의 '사람이 먼저다'라는 슬로건, 또는 박근혜 정부의 통일정책으로 활용했던 '통일 대박' 슬로건이 그 예시라 할 수 있다. 그런 의미에서 잘 만든 선거 슬로건 하나가 굉장한 파급력을 낳기도 한다. 큰 선거일수록 슬로건에 거대담론을 담고, 거대비전을 제시한다. 또한 작은 선거일수록 세밀함을 보이며, 후보자의 특징에 집중한다. 후보자의 대표 슬로건 선정에도 몇 가지 룰이 존재한다. 대표 공약이 유권자에 대한 맞춤형 선택이라면, 대표 슬로건은 후보자에 대한 맞춤형 선정이 되어야 한다. 앞서 말한 대로 슬로건은 후보자의 선거 정신이다. 그런 이유로, 간결함을 뛰어 넘는 상징성과 확장성을 담아야 한다. 슬로건이기 때문에 간결해야 하는 것은 기본이며, 후보자 캐릭터에 대한 상징을 담아야 하고, 충분한 공감대를 형성하여 많은 유권자들에게 확장되어 전파될 수가 있어야 한다. 그래서, 선거에 출마하는 후보자는 자신의 이름과 함께 슬로건을 표기하기도 하고, 선거명함이나 홍보물, 구호 등 많은 선거홍보전에 적극 활용하여 반복적으로 유권자의 뇌리에 각인시키려 한다.

후보자의 공약과 슬로건은 그 선거구의 지역성과 시대정신을 담아야 한다. 또한, 유권자들이 기억하기 쉬워야 하고, 독창적일수록 효과가 크다. 잘 만들어진 대표 공약과 슬로건을 후보자는 반복하여 홍보하고, 유권자들의 의식 속에 자리잡게 해야 한다. 좋지 못한 슬로건은 후보자와의 이질감을 재촉하고, 선거 홍보 전략에서도 유권자들의 공감도를 얻지 못하게 한다. 특히 대표 슬로건은 후보자의 구호와 메시지, 그리고 정책홍보와 선거 차량 및 선거로고송에 까지 확장 전파되는 문구로 활용된다. 후보자의 모든 홍보전략에 동일한 대표 슬로건을 반복함으로써 후보자의 인지도를 높이고 유권자들의 마음속에 후보자와 후보자의 슬로건이 함께 연상되는 작용을 끌어올 수 있어야 한다. 후보자의 공약이 유권자의 욕구를 충족시켜줘야 하는 만큼 후보자가 출마하는 체급에 맞는 설정과 홍보 전략도 뒤따라야 한다. 무엇보다 실현 가능성이 있는가를 판단기준으로 삼는다는 뜻이기도 하다. 만약 기초의원 선거에 출마하는 후보자라면 그에 맞는 대표 공약과 슬로건을 내세워야 한다는 것이다. 기초의원 후보자가 정부부처 지역이전이나 부동산 세금정책을 대표공약으로 전면에 내세우기는 부담스럽다. 대표 슬로건에 너무나 방대한 이미지를 담는다면 유권자들의 공감대가 떨어질 것이다. 오히려, 위험 혐오시설 이전 문제나 대중교통 노선 개선 문제, 도서관이나 생활시설 건립 문제 등 생활정치에서 관심사를 찾을 수 있다면 그것이 바로 기초의원 선거에 걸맞는 대표 공약이 되는 것이다. 후보자의 임기동안 대표 공약만은 무조건 실현시키겠다는 의지를 유권자에게 천명하면 된다.

후보자의 대표 공약에 대해 유권자들은 자신에게 얼마나 이익이 있을까라는 셈법을 통해 공감한다. 시대와 지역을 초월하여 보편적으로 다뤄지는 주요관심사인 취업, 경제, 부동산, 교통, 부동산, 학군 등의 문제는 항상 선거 공약으로 중요성을 갖지만, 상대 후보자 쪽에서도 동일한 공약을 가지고 나오면 그만큼 해당 유권자들에게 후보자의 공약은 효과가 반감된다. 그런 이유로, 후보자의 이력이나 전문성을 살려 대표 공약을 설정하고, 그 실현가능성을 유권자들에게 설득하는 것이 더욱 효과가 있는 공약이 될 것이다. 또한, 후보자는 대표 공약을 통해 당선도 될 수 있지만, 그 공약에는 당선자가 된 후 반드시 소정의 성과를 보여야 하는 의무감도 포함된다. 만약 임기 동안 성과를 내지 못한다면, 재선을 준비하며 오히려 당시의 후보자 대표공약에 대한 평가가 후보자의 재선 선거에 악영향을 미치는 결과를 초래할 수도 있다. 그러기에 실현가능성을 동시에 고려해야 한다는 것이다. 소위 선거 현장에서는 후보자의 대표 공약과 대표 슬로건이 만들어지면, 선거 준비가 다 되었다는 평가를 하기도 한다. 그만큼 후보자가 숙고해야 할 사항이고, 선거전에서도 후보자를 규정하는 이미지가 되어 버리기에 잘 만든 대표 공약과 슬로건은 좋은 선거 전략을 위한 필수조건인 것이다. 후보자 - 공약 - 슬로건이 유권자들에게 한 세트로 규정되고, 투표 당일 유권자들의 선택을 받게 되는 것이다.

제22계. 언론대응(言論對應)

사상이 언어를 더럽힌다면,
언어도 역시 사상을 더럽힐 수 있다.

———

조지 오웰

    예비후보를 등록하고, 출마 의견을 표명하고 나면 자연스레 언론의 취재 대상이 된다. 큰 선거를 준비하게 되면 중앙 언론사에서 출마에 대한 의견과 비전을 주요내용으로 다루게 되고, 작은 선거를 준비하면 지방언론이나 지역매체를 통해 후보자의 입장과 지역 공약을 주로 다루게 된다. 물론, 작은 선거라 하더라도 후보자에게 참신한 기사 거리가 있다면 중앙언론에서도 단신으로 다루기도 하지만, 지방선거든 국회의원 선거든 선출직을 준비하는 거의 모든 후보자는 좋은 내용으로 언론에 나오는 것이라면 흔쾌히 선거홍보의 기회로 삼는다. 그런 의미에서 언론과 가까이 지내는 것도 선거를 준비하는 좋은 자세가 될 것이다. 또한, 선거를 준비하고, 선거운동을 진행하다 보면 지역현안에 대한 정책을 유권자에게 설명하는 소통의 수단으로도 언론이 활용된다. 사안에 따라 후보자의 선거캠프에서 별도의 해명자료나 보도자료도 유권자들에게 전달이 되겠지만, 언론매체를 통해 여러 채널로 후보자의 목소리를 전달한다면 더없이 좋은 홍보전략이 되는 것이다. 반면, 무엇보다도 후보자에게 불리하거나 잘못된 정보가 언론을 통해 보도될 때 언론 대응의 필요성은 더욱 필요한 조치다. 흔히 가짜뉴스나 허위사실이 언론에서 다루어진다면 그에 따른 후보자의 반박이 뒤따라야 한다. 후보자에 대한 부정적 정보가 다뤄질때도 마찬가지이다. 유권자에게 소명할 것은 언론을 통해 소명하고, 잘못이 있다면 여론이 확산하기 전에 미리 털어버려야 하는 전략을 구사해야 한다. 후보자가 언론을 다루는데 있어 일부러 비용을 들여서 언론을 다루거나 인위적인 홍보성 뉴스를 만들어 무리한 선거운동을 할 필요까지는 없더라도, 후보자는 엄연히 언론과 선거전을 함께 해야 하기 때문에 적절한 관리는 분명 요구된다.

후보자의 출마 이력에 따라서, 선거에 임하기 전인 사회생활을 할 때부터 언론노출이 되어왔던 후보자가 있기도 하고, 다소 생소한 후보자가 선거라는 화두를 통해 처음 언론에 소개되는 경우도 있다. 언론을 접하는 시기의 차이가 있을 뿐 선거에 임하는 후보자는 언론과 진실되게 소통해야 한다. 언론인과 적당히 친하다는 이유로 언론내용에 대해 이런저런 개입을 하면 부작용이 생기기 때문이다. 언론인도 기자나 평론가 이전에 한 사람의 국민이고, 유권자다. 뉴스를 통해 종종 보도되기도 하지만, 선거를 목전에 두고 해당 선거구의 후보자와 지역 언론인이 유착해 불법적인 선거행위를 하는 경우를 더러 볼 수 있다. 언론과 친해지되, 진실로 서로를 대해야 하는 이유가 여기에 있는 것이다.

큰 선거일수록 언론의 영향력이 클 수밖에 없다. 그래서, 큰 선거를 준비하는 후보자라면 언론대응팀을 따로 만들기까지 하고 있다. 언론대응팀은 언론사와 기자를 관리하고, 각 언론사의 인터뷰나 방송일정을 담당한다. 또한, 후보자의 메시지와 유권자들의 댓글과 여론의 반응을 살피기도 한다. 후보자의 발언을 대변해서 대변인이나 공보담당자가 언론을 직접 상대하기도 하고, 후보자가 사안에 따라 직접 대응하기도 한다. 언론미디어와 언론환경이 좋아지면서, 단순히 신문과 같은 지면 보도를 비롯해 방송사와 인터넷 언론 등 전통적 언론매체를 넘어 개인 유튜브 방송이나 인스타그램, 페이스북 등의 SNS 영역으로까지 언론의 소통채널이 다양해졌기 때문에 후보자는 자신에게 최적화된 언론 대응의 전략을 수립해야 한다.

후보자가 선거라는 화두 속에서 언론과 접촉하는 방식은 크게 2가지가 있다. 언론사가 후보자에게 청하는 인터뷰나 취재요청이 있으며, 반대로 후보자가 언론을 통해 보도되기를 바라는 보도자료 형식의 보도 요청 방식이 있다. 언론사가 요청을 하든 후보자가 원해서 받아주든, 언론에서 다룰 만한 가치가 있거나 확장성이 있어야 선별하여 기사를 내고, 보도를 한다. 기사의 상품성을 따지는 것이다. 언론사 구독자나 유권자가 후보자의 매력, 정책의 실현성과 참신함, 선거 당선에 대한 기대 등에 복합적인 기대를 가질 때 언론 보도도 주목받게 되는 것이다. 단순하게 한번 나가고 마는 기사가 아닌, 독자의 공감을 불러오는 언론 보도는 그 어떤 홍보물보다도 선거전에서 파급력이 크기 때문이다. 때문에, 언론사로부터 오는 인터뷰나 취재 요청에 대해서 후보자는 모든 경우를 여과 없이 허가하는 것도 주의해야 한다. 언론은 후보자의 장점은 부각해주는 기능도 있지만, 역으로 후보자의 흠이나 단점 요소를 집요하게 파고드는 감시자의 역할도 같이 하기 때문이다. 그런 이유로 언론사로부터 들어오는 취재 요청에 대해서도 언론사의 취재 목적은 무엇인지, 그 취재 방식은 어떠하며, 취재 내용에는 어떤 것이 있는지를 사전에 확인하고 보도 방향을 잡아갈 필요가 있다. 또한, 한번 보도된 내용을 다시 주워 담기가 무엇보다도 힘든 것이 언론 기사이다. 그러기에 보도자료와 기사내용을 사전에 확인하고, 점검하는 것은 매우 중요한 작업이다. 친밀도가 있거나 사전 교감이 있는 언론사나 언론인을 대할 때는 그 사전 조율이 상대적으로 용이하다. 이런 이유에서 언론과 가까운 후보자는 유리한 점이 있다.

반대로 후보자 입장에서 언론에 자신의 선거운동 소식이나 정책을 소개하여 유권자나 독자에게 전달되기를 바라는 경우도 많다. 주로 선거 출마 후보자 쪽에서 언론사 쪽으로 나가는 보도자료를 통한 요청이 그러하다. 큰 선거캠프일수록 많은 보도자료를 낸다. 후보자의 일정 관련 사항이나 특정 선거운동에서의 메시지, 스토리가 될 만한 후보자 소식 등이 주요 내용을 이룬다. 당연히, 언론사 입장에서는 지명도 없는 후보자의 평범한 소식이나 보도자료는 기사화 해주지 않는다. 흔히, 언론계에서 회자되는 표현 중에 '개가 사람을 물었다면 기사가 되지 않지만, 사람이 개를 물면 기사가 된다'라는 표현이 있다. 단순히 사실 관계에 입각한 소식은 언론 기사 내용으로 매력이 없는 것이다. 선거운동 중에 유권자가 감동을 하거나 동감을 하는 내용이 있어야 선별적으로 채택해 기사화 해주는 것이다. 후보자나 후보자 선거캠프에서도 언론의 특수한 환경이나 생리를 이해하는 전문가가 통상적으로 언론 대응을 담당한다. 후보자의 기사가 언론을 통해 유권자에게 확산이 되기도 하지만, 상대 후보자나 경쟁 후보자에게 기사 내용이 빌미가 되어 공격대상이 될 수도 있기 때문이다. 그래서 후보자는 정책만큼이나 보도되거나 기사화 되는 내용에 대해서도 자체 검증 절차를 거쳐야 한다. 특히, 언론 보도는 선거전에 있어 허위사실 여부나 명예훼손 문제 등 후차적인 논쟁을 불러 일으킬 수 있다는 점을 후보자는 잊어서는 안 된다.

언론이 마냥 후보자를 홍보하는 순기능으로만 작용해준다면 좋겠지만, 언론의 기본적인 목적은 권력에 대한 감시감독 역할이다. 후보자 역시 선거에 출마하는 공적 인물로서 언론의 소재가 된다. 후보자가 당선가능성이 높아지면 높아질수록 후보자의 의도와는 달리 보도되는 기사들이 늘어날 것이다. 후보자와 관계된 인물들까지도 보도의 대상이 되기도 한다. 후보자의 거리유세나 명함인사는 접하는 유권자가 한정돼 있는 반면, 언론은 24시간 돌아가며, 불특정 다수에게 후보자의 소식을 무차별적으로 전파한다. 그런 이유로, 정치 신인이나 처음으로 선거에 임하는 후보자는 언론 대응에 다소 무지할 수 있다. 선거가 끝날 때까지 부정확한 내용이 보도되고, 그 내용이 유권자에게 전파되는 사례도 많이 보아왔다. 후보자는 선거운동 기간 동안 유권자를 만나는 기본적인 선거운동에만 전념해도 시간이 부족하다. 한 명이라도 더 만나 자신의 표로 만드는 것이 긴급한 상황에 언론과 긴 시간을 싸움하는 것은 굉장히 큰 선거전략의 손실이 된다. 이에, 언론의 내용과 방향이 사실과 맞지 않을 때에는 사안에 따른 효과적인 대응이 필요하다. 해명 보도자료와 선관위에 조치를 건의하고, 경우에 따라서는 언론중재위원회나 검찰이나 경찰 등 사정기관에 대한 조치까지도 염두하고 대응 방향을 잡아야 한다. 정치권에서 언론은 후보자를 살리기도 하고 죽이기도 하지만, 언론의 주인공은 후보자이기에 그 나름의 대처법에 따라 유권자들의 표를 얻거나 잃는다.

제23계. 선거인사(選擧人事)

앉아있는 신사보다 서 있는 농부가 더 훌륭하다.

—

벤자민 프랭크린

　　출마 희망자는 예비후보 등록을 하면서 선거 이전에 정식으로 후보자의 자격을 얻게 된다. 규정에 따른 선거운동도 비로소 가능해진다. 후보자의 대표 공약과 슬로건을 만들어서 선거운동에 활용해 왔고, 출마 선언을 하는 동시에 출사표에 후보자의 선거 자세도 담아내었다. 지역 언론을 통해 후보자의 인지도도 올라가고, 선거사무소가 선거구 도심에서 후보자의 얼굴이 인쇄된 현수막을 달고 후보자를 알리고 있는 상황이다. 하지만, 유권자들은 여전히 후보자에 대해 모르는 것이 너무도 많다. 특히, 첫 출마를 준비하는 후보자라면 더욱 그러하다. 이처럼 서로가 생소한 상황에서, 선거운동에서 가장 기본적이면서도 중요한 후보자의 대면인사를 통해 후보자는 유권자들 속으로 더욱 깊이 파고들어야 한다.

출마를 구상만 하고 있는 출마예정자와 달리 예비후보 등록을 마친 후보자는 합법적인 테두리 안에서 공식적인 선거운동 행위를 할 수 있다. 모든 후보자의 선거운동은 법적 장치 안에서 허가되고 보호 받는다. 즉, 선관위에 예비후보 등록을 하지 않은 출마희망자가 선거운동 행위를 하는 것은 선거법 위반 소지에 해당한다는 말이다. 출마를 앞둔 정치신인들이 가장 많이 위반하는 사안이 사전선거운동 위반인데, 자신이 사는 지역 선거구 안에 거주하는 지역주민에게 자신의 출마를 고지하거나 향후 도와달라고 지지호소를 하면 이것이 나중에 사전선거운동 소지로 연결될 수 있는 것이다. 학교동문들과 만나 식사를 하는 편한 자리에서 차기 선거에 대해 운운하다가 자신의 출마 지지를 호소하면 이는 위법적 사안이 될 수 있다. 그런 이유로 후보자는 우선 선관위에 등록한 후에 예비후보자 신분으로 자신의 선거 출마에 대해 홍보를 해야 하는 것이다. 선관위 등록을 하지 않은 출마예정자가 자신의 선거 출마를 홍보하게 되면, 이는 사전선거운동에 해당하는 불법적 선거행위임을 명심하고, 반드시 예비후보 등록을 통해 후보자의 자격을 얻고 나서 선거운동에 임하도록 해야 한다.

예비후보자의 선거운동 중 가장 선순위로 행해지는 것이 후보자의 선거 인사이다. 언론을 통하거나 인터넷을 이용한 선거 전략이 공중전이라면 후보자의 선거 인사는 유권자를 좀 더 면밀히 만나서 소통할 수 있는 지상전이라고 할 수 있다. 지역 유권자와 시민 모두에게는 출마선언이나 출사표 표명을 통해 선거인사를 한 차례 이상 하였겠지만, 유권자 한 사람 한 사람의 얼굴을 보고, 손을 마주잡고 인사하는 과정이야말로 선거운동 중 가장 기본이며 필수의 과정이다. 지역구를 다니면서 길거리든, 행사장이든 마주하는 모든 사람들이 자신의 선거 유권자라는 인식으로 선거전에 돌입해야 한다. 그러기에 집 밖을 나가서는 흐트러진 후보자의 행실은 유권자들에게 보여주지 않는 것이 낫다. 물론, 경우에 따라서는 인간미를 보이거나 솔직함을 표현하기에 적합한 때가 있기도 하지만, 후보자의 모든 동선이 유권자에게 드러나기 때문에 언행을 조심해서 나쁠 것은 없다. 선거 인사를 할 때는 상대에게 여유롭고, 온화한 인상으로 접근하여 인사를 청하고, 가까운 거리라면 악수를 청하거나 일상의 소식을 나누는 것도 좋은 방법이 될 수 있다. 또한, 인지도를 높이기 위해 선거명함을 정중하게 전달하는 것도 잊어서는 안 된다. 한번 인사한 유권자는 선거가 끝날 때 까지 다시는 못 볼 수도 있다는 마음가짐을 갖고, 선거운동 인사를 하여야 한다. 그만큼 절실함과 진정성이 전달되도록 선거운동을 하라는 뜻이다. 물론, 정당 지지도나 후보자의 인기도에 따라 유권자들의 선거운동 반응이 달라질 수도 있다. 혹은 지지자라고 생각했지만, 상대 후보자 지지자에게 인사하는 경우도 허다하다. 그 지역구의 후보자가 많은 만큼 유권자의 지지 성향도 다양함을 전제해야 하는 것이다. 격려와 응원을 해주는 유권자도 있고, 무관심을 넘어 타박을 보내는 지역민도 있는 것이 당연한 현실이다.

선거에 처음 나오는 초보 출마자들을 보면, 대부분 선거 인사를 가장 어려워한다. 정책 발표나 언론 대응은 선거사무소에서 할 수 있는 일이지만, 선거 인사는 다른 방도가 없다. 적어도 선거 인사에 있어서는 유권자를 많이 만나 자주 교감하는 사람이 이기는 것이다. 부지런하고 진정성 있는 후보자에게 효율성이 제일 좋은 선거운동 전략이 선거 인사다. 평소 아는 사람도 있지만, 처음보는 사람에게 인사를 건네는 것이 보통 일은 아니다. 선거 출마를 하기 전에는 일반인으로 덧없이 만날 수 있는 사람들에게도 표심을 부탁하는 입장이 되면 더욱 겸손하게 소통하게 된다. 또한, 모든 유권자가 후보자에게 호의적으로 대해 주는 것도 아니다. 길거리에서 지지하는 정당이나 후보자가 달라서, 격려는 못 해줄 망정 호통을 치는 유권자도 있고, 후보자의 잘못이 아니라 중앙당의 사건사고로 인해 지역구에서 인사하는 후보자가 난처해지는 경우도 있다. 출마하는 정당의 지지도가 좋으면 호의적인 지역민이 많고, 출마하는 정당의 실정과 과오가 많으면 그 영향력을 출마 후보자까지 오롯이 받게 되는 형국이다. 그래서, 선거 인사를 하다보면 후보자로써 자괴감이 들 때가 한두 번이 아니다. 후보자보다 나이 어린 유권자에게도 읍소를 해야 하고, 사회적 배경이나 학식이 덜한 유권자에게도 무조건적으로 겸손하게 접근해야 하기 때문이다. 또한, 선거 인사를 후보자 혼자만 하는 것이 아니다. 후보자 배우자나 그 자식과 부모까지도 제한적으로 할 수 있다. 후보자의 선거 출마 이후의 삶은 선거 인사의 연속이라 해도 과언이 아니다. 참 고단한 과정이지만, 선거 인사를 하는 과정에서 참된 지지지와 열성팬 또한 생겨나기에 선거 인사는 후보자의 열정만큼 결실도 따르는 선거 운동이다.

선거에 출마하는 후보자는 유권자를 만나는 것에 두려움이 있어서는 안 된다. 후보자의 사회적 이력이 연구직종이나 공무직종이었다면 더욱 외향적으로 유권자들을 만나는 것에 주저할 수 있다. 후보자가 이제껏 살면서 누군가에게 절실히 부탁해 본 적도 없고, 경우에 따라서는 싫은 소리를 들을 경험과도 무관한 삶을 살아왔더라도, 출마 후보자가 해야 할 선거 인사를 피할 방법은 없다. 후보자는 본인의 일이라 그렇다고 쳐도, 후보자의 가족이 심한 인간적 모멸감을 느낄 때는 더욱 힘든 선거 과정일 수 있다. 경쟁하는 상대 후보자를 지지하는 유권자를 만나기도 한다. 하지만, 그런 두려움이 극복되지 않는다고 선거를 포기할 수는 없는 일이다. 출마 또한 후보자의 선택이었다. '선거 운동은 지지자는 안고 가는 것이고, 반대쪽은 극복하고 가는 것이다'라고 정의할 수 있겠다. 공중전으로 언론 노출도 높이고, 인기도에 영합하는 선거운동을 전개하다가는 지역구에서 '후보자 얼굴이 보이지 않는다', '후보자 어깨에 힘이 들어가 있다' 등의 혹평을 받기 일쑤이다. 거리 인사부터 시작해서 한시라도 빨리 후보자의 인지도를 높여 놓아야 종국에는 많은 사람들이 알아보고, 그 인기도에 힘입어 인사를 후보자에게 역으로 청하게 된다. 후보자에 대한 지지와 응원이 커지면 오히려 여러 단체와 집단으로부터 사람들을 소개도 받을 것이다. 그런 경우에는 오히려 선거 인사를 하기가 즐거워진다. 지지하는 유권자를 넘어서, 틈나는대로 후보자를 돕는 자원봉사자가 생겨나는 선거 캠프도 있다. 노무현 후보의 '노사모'와 박근혜 후보의 '박사모'가 생겨나듯 후보자의 가족 못지않은 우군을 선거 운동 과정에서 만나게 된다.

기본적으로 생활 정치인이 기초의원 선거와 같은 작은 선거에 강하다. 선거를 목전에 두거나 선거 운동 기간이 아니더라도, 그냥 자연스레 지역 주민들과 인사를 나눈다. 지역 시장을 갈 때도 상인들과 인사하고, 지역 모임에 가서도 스스럼 없이 얼굴을 트고 인사를 나누면 좋다. 공통 관심사를 찾아가며 일상적으로 유행하는 사회적 이슈에 대해서 소통해도 좋다. 그러다보면, 해당 유권자와의 거리가 좁혀지고, 공감대가 형성된다. 유권자가 후보자의 존재를 인지했기에, 공감대가 형성되고 신뢰가 쌓인다면 지지할 가능성도 높아지는 것이다. 설령 한번의 만남으로 효과를 보지 못하더라도 다음에 만나면 덜 낯설게 될 것이다. 그러다가, 선출직 출마의 기회가 와서 해당 인물이 선거에 출마하게 되면, 적어도 후보자를 알아보는 사람은 확보해둔 상황에서 선거전에 돌입할 수 있게 된다. 바쁘게 선거전을 소화해야 하는 상황에서 후보자가 몇 명의 유권자를 만났는가와 몇 장의 선거 명함을 사용했는가를 돌아보는 것은 선거가 끝난 후 후보자의 당락을 분석하는 아주 좋은 자료가 될 것이다.

제24계. 지지확보(支持確保)

스스로를 신뢰하는 사람만이
다른 사람들에게 성실할 수 있다.

— 에리히 프롬

후보자가 선거운동에 돌입하여 얼굴을 알리고, 당선가능성과 능력을 인정받게 되면 자연적으로 후보자의 인기도와 지지세가 커지기 마련이다. 또한, 모든 민주적 선거과정에서는 후보자의 안티 그룹도 상존하는 것이 현실이다. 선거는 51% 지지자들의 득표율로 당선 된다는 말은 49%의 지지하지 않았던 유권자가 존재한다는 뜻이다. 인간이라면 누구라도 명암이 있기 마련인데, 정치적 지향점을 판가름하는 선거에서 어쩌면 사랑과 미움은 양날의 칼과 같이 항상 후보자와 함께할 것이다. 그러기에 지지층은 넓혀가며 두텁게 하고, 반대층은 설득하며 상호관계를 인정하고 가는 것이 선거 환경에 적응해 가는 기본적인 선거 전략이다. 지지층이 있다는 것은 분명 힘이 되고, 보탬이 되는 요소다. 물론, 후보자와 지지자 간의 공감대 형성의 정도에 따라 지지하는 정도에 다소 차이는 날 수 있다. 특정 후보자에 대한 지지도가 고정적인 것도 아니며 지지하는 대상이 변하기도 한다. 후보자와 지지자의 관계는 정치적 동반자이기도 하지만, 상황에 따라서는 지지자가 후보자의 안티 그룹의 선봉에 서는 경우도 종종 보아 왔다. 그런 만큼 후보자는 새로운 지지층을 개발하고 구축해가면서도 기존 지지층에 대한 관리에는 오히려 더 큰 노력을 기울여야 한다. 후보자에게 있어 지지층은 선거운동을 위한 든든한 지원군이면서도 동시에 후보자의 정치이념과 선거를 위한 당선 목표를 함께 공유하는 존재이기에 후보자의 절대 우군으로 삼고 선거전에 돌입해야 당선가능성이 높아진다고 할 수 있다.

선거 후보자의 지지층은 연예인이나 유명스타들의 팬클럽과도 비슷한 점이 여럿 있다. 후보자나 연예인 모두 지지자들과 공동의 가치관을 공유하며 이를 발전시켜 나간다. 공동의 가치관에 대해 상호간에 소통도 하고, 발전 방향을 모색하기도 하며 장점들과 홍보요소들을 공유하면서, 외부의 부정적 지적에 대해서는 단호히 방어하거나, 부정하는 자세를 취한다. 적극적인 지지자는 방어의 선두에 서기도 하고, 관망하는 지지자는 후보자나 연예인이 곤경에 처해지면, 적극적 지지자들의 행동에 힘을 보탠다. 이런 지지층의 장점들을 후보자나 연예인은 시간이 날 때마다 잘 관리해야 한다. 카카오톡 단체방이나 인스타그램 등의 SNS를 이용하여 소통을 하는 것은 기본이며, 따로 일정을 내어 오프라인 상의 모임을 갖는 것도 필요하다. 연예인의 팬모임처럼 후보자들도 소정의 회비를 부담하는 치맥 번개모임이나 티타임, 후보자와의 대화 등 여러 형식으로 소통의 자리를 함께 한다. 후보자는 새로운 지지자를 만드는 것만큼 종전의 지지자를 관리하는 것도 중요하다. 종전에 지지했던 유권자가 지지층을 이탈하게 되면 후보자의 득표수가 떨어진다는 의미도 되지만, 후보자의 기존 지지층 이탈현상은 중도층이나 반대 측에 있던 유권자들로부터 역공의 대상이 되고, 선거분위기를 악화시키는 요인이 되기도 하기 때문이다. 뿐만 아니라, 지지자가 후보자의 인물됨이나 정치관에 실망하여 지지 철회를 넘어 반대하는 목소리를 적극적으로 낼 경우는 후보자에게 더욱 아프게 받아들여지게 된다. 다른 유권자보다 종전에 해당 후보자와 공유한 가치가 많았기에, 후보자에 대해 더욱 깊고 넓게 알고 있기 때문에 더욱 타격이 크다. 노무현 대통령의 '노사모'나 박근혜 대통령의 '박사모'와 같이 절대적이고 헌신적인 지지단체를 꾸릴 여력은 없을지라도, 선거에 출마하는 후보자는 다가오는 선거만을 위해서가 아닌, 정치 여정을 함께 하는 동지 같은 지지층이 필요하다. 그런 이유에서 정치인들이 활동하는 산악회나 봉사단체, 공부 단체 등이 지지층 관리를 위해 활용되는 좋은 예시들이다.

대체로 한번 형성된 정치적 가치관과 성향은 좀처럼 바뀌지 않는 것이 특징이다. 그것은 지역이나 성장배경, 경제적 기반 등의 영향을 받는데, 자신의 습관처럼 구축되는 주관적 개념들이라서 일순간에 바꾸는 것은 어렵기 때문이다. 그런 이유로, 후보자는 고정 지지층은 잘 흡수하고, 중도층이나 관망하는 유권자를 지지층으로 편입시켜야 선거에 이길 수 있는 계산이 나온다. 오랫동안 몸에 배인 고정관념을 깨고 지지층을 넓혀 나가는 것이 정당정치의 숙제이고, 지역 선거 일선에서 활동하는 후보자의 도전과제다. 후보자가 출마를 희망하는 선거구에서 특정 정당 지지도가 30%라고 가정할 때, 후보자의 지지도가 30% 이상 나와야 그나마 후보 경쟁력이 있다고 할 수 있다. 해당 선거구에서 후보자가 정당지지도보다 낮게 나온다면 투표함을 열어보지 않아도 낙선결과를 예상할 수 있는 것이다. 후보자의 지지도가 정당지지도보다 상회하고, 선거운동 과정을 거치며 상승하는 곡선을 그리는 것이 정치권에서 가장 이상적으로 생각하는 후보자의 지지도 추이다.

그래서, 최근 주요 정당들은 후보군을 선정할 때, 현시점의 인지도나 지지도보다는 당선가능성을 종합적으로 시뮬레이션화해서 결정한다. 즉, 현직 단체장을 하고 있어서 지역 유권자들에 대한 인지도도 높고, 고정 지지율도 갖추고 있어서 누가 보더라도 연임을 위한 재선 선거를 앞두고 중앙당 공천을 자신하게 될

지라도, 중앙당 공천심사위원회에서 보는 기준은 다를 수 있다는 것이다. 예를 들어, 현직 단체장이지만 임기 중에 부도덕한 사건에 휘말려있거나 지지도 추이가 떨어지는 추세라면 제아무리 현역 선출직 단체장이라 하더라도 공천에서 탈락할 수 있다. 반면에, 정치신인이라도 지속적으로 선거구를 관리하면서 유권자들에게 호감도를 높여가며 미래가능성이 보이는 후보자라면, 후한 점수를 받을 수도 있다. 지금 당장은 인지도나 지지도가 다소 낮게 평가되더라도, 정당 공천을 받은 후 고정 지지층과 해당 지역 당원들이 붙게 되어 지지도가 상승 곡선을 이어간다면, 투표 당일 분명 좋은 결과를 기대할 수 있는 것이다. 다시 말하지만, 선거라는 것은 고정 지지층에다가 중간 지대의 새로운 지지층을 많이 확보하면 이기는 제도이다. 선거를 앞둔 후보자들이 주요 정당의 후보 공천을 기대하는 것도 후보자를 선택한 주요 정당의 오래된 지지층과 당원들을 여타 후보자들보다 빨리 확보하여 당선으로 향하는 출발점을 앞당기기 위해서다. 또한, 그런 고정 지지층은 좀처럼 반대 측 경쟁후보자를 지지할 가능성도 낮기에 소위 충성 지지층이라고도 한다.

후보자가 지지층을 넓혀가는 행위는 당선을 위한 숙명과도 같은 작업이다. 후보자와 지지자가 공유하는 가치가 많을수록 상호적으로 탄탄한 관계를 유지할 것이다. 그러기에 유권자의 나이와 세대, 지역과 출신지, 재산의 정도나 종교의 차이 등 수

많은 다양성 안에서 공감대를 찾아오는 과정이 후보자가 지지자를 형성해 가는 첫 걸음이라 할 수 있다. 큰 선거일수록 유권자들의 지지도에 영향을 미치는 것이 지역과 세대, 후보자의 이미지나 소속 정당에 관한 선호도라면 작은 선거일수록 후보자의 평소 행실과 인물됨, 그리고 공약과 유권자와의 친밀도 등 좀 더 후보자 개인에 집중된 지지층 형성 요인이 있다. 특히, 중도층 유권자라고 하는 중립지대의 유권자들은 지지후보를 밝히지 않고 자신의 이익과 혜택의 셈법을 투표일 직전까지 고민하다가 선거 막판에서야 비로소 지지후보를 정하는 경우가 많다. 그러기에 후보자는 선거기간 동안 최선을 다해 지지층 확보에 몰두해야 하는 것이다. 투표는 후보자 자신에게 와야 할 투표용지 1장이 상대 후보자에게 간다면 결국에는 2표 차이의 손해를 보는 게임이다. 후보자가 유권자에게 지지를 호소하는 작업이 소통의 시작이라면, 유권자가 투표장에서 해당 후보자를 선택하여 표를 찍는 것이 지지의 완성이라고 할 수 있다. 후보자를 적극적으로 지지하는 유권자라면 선거가 끝나고도 현역 선출직의 지지층을 형성하게 될 것이고, 설령 후보자가 낙선을 하게 되더라도 다시 재기의 발판을 마련해 주는 초석이 된다. 고정 지지층이 많은 무소속 후보자가 주요 정당의 공천을 받은 후보자를 선거에서 이기는 무소속 파란의 주인공들을 우리는 종종 보곤 한다. 그들은 공통적으로 확고한 지지층을 갖고 있다. 그만큼 후보자에게는 지지층을 확보하는 것이 정치적 숙명과제이고, 가장 중요한 선거운동이다.

5
—
경선
(競選)

제25계. 경선준비(競選準備)

스스로 외에는 아무도 투표권을 뺏을 수 없다.
그럴 수 있는 유일한 방법은
스스로 투표를 하러 가지 않는 것이다.

—

프랭클린 루즈벨트

우리나라는 정당정치를 표방하며, 교육감 선거를 제외하고는 선출직 선거에 있어서도 정당공천제를 유지하고 있는 국가다. 선거에 처음 출마하는 후보자라면 정당 권력을 등에 업고 출마하기를 원하기에 보통 당내 경선 과정을 거쳐 공천 유무를 확정 짓는다. 그러나, 애초부터 기존 정당의 공천과는 무관하게 무소속 후보자로 예비후보 등록을 하는 경우도 적지 않다. 무소속 후보자의 경우는 당내 경선 과정과는 상관없이 자신의 선거운동을 하던대로 지속해 나가면 된다. 대부분의 경우, 정당에서 공천이 어렵겠다는 등의 여러 사정으로 기존 정치권과 거리를 두려 할 때도 종종 무소속 출마를 강행한다. 대체적으로 기존 자신만의 지지층을 두텁게 갖고 있는 후보자가 무소속 출마를 강행해서 당선된 후에 주요 정당을 골라서 재입당 수순을 밟는 것이 일반적이다. 즉, 선거 전에 당내 경선이라는 당내 공천 투쟁 과정을 거치지 않고, 바로 본 선거를 준비하겠다고 전략을 짜는 후보자라면 무소속 출마를 강행할 수 있다. 정당이 아닌 유권자만을 보고 가겠다는 목적의식과 절대적인 유권자 지지층을 안고 있는 후보자라면 정당공천제는 후순위에 두어도 당선 유무에 무방할 것이라는 판단에서다. 또는 기존에 특정 정당의 당원이었던 후보자가 공천에 대한 부담으로 선도 탈당을 하여, 무소속으로 출마를 할 때도 있다. 이 경우, 기존 정당의 공천을 받은 후보자와 공천을 받지 못하고 무소속으로 출마한 후보자의 당락에 따라 해당 정당의 공천이 잘 된 공천인지, 잘못된 공천인지가 판가름 나기도 한다. 공천을 받은 후보자가 당선되었다면 결과적으로 잘된 정당 공천이지만, 만약 무소속 후보자가 당선되었다면 당선가능성을 최고의 목적으로 두는 당내 공천작업은 잘못된 공천이라고 할 수 있다. 또한 무소속으로 출마하여 당선된 후, 기존의 정당에 다시 복당하여 자신의 무소속 출마에 대한 정당성을 확보하고, 차후 당내 헤게모니를 이끌고 가는 정치적 내공을 보여주는 계기로 삼을 수도 있다. 무소속 당선 후 기존 정당으로의 복당문제는 정당공천제에 대한 여러 부작용 중 하나라고 지적해도 과언이 아니다.

하지만, 정당공천제는 장점이 더 많기에 여전히 유지되고 있는 듯하다. 우선, 검증된 정치인을 발굴하고, 정리된 국민여론을 대변하는 취지의 책임정치를 국민과 유권자에게 담보해 줄 수 있다. 특정 정당의 이념이나 정책을 공유하는 후보자를 공천하여 책임있는 시정과 의정활동을 펼치게 하고, 정당공천을 통해 걸러지고 증명된 경쟁력 있는 후보자를 내어 놓겠다는 정당의 목적 또한 등한시 할 수 없는 사항이다. 여기에, 공천을 신청한 여러 출마 희망자들을 당원들이 여러 제도를 통해 먼저 선별하고, 그 후보자를 통해 여타 정당에서 공천하는 상대 경쟁 후보자들이 정책과 인물 경쟁을 통해 유권자들의 최종 심판을 받겠다는 것이 정당공천제의 순기능이다. 대내외적으로 특정분야에서 어느 정도 인정을 받는 인물을 정당이 보증을 서고, 유권자들에게 소개하는 시스템이다. 이에 따라, 해당 정당의 당지지율이 좋으면 공천을 받은 후보자의 당선 가능성은 더욱 올라가고, 해당 정당이 국민들에게 지탄을 받거나 인기가 떨어지면 당 지지율이 오히려 후보자의 당선 가능성에 폐를 끼치는 형국이 될 수 있다.

반대로, 잘된 정당공천이 당의 지지율을 올려주기도 한다. 참신하고 존경을 받거나 사회에 귀감이 되는 참신한 인물을 정당에서 발굴하고 설득해 당내 공천을 줘서 선거 일선에 후보자로 출마를 시키게 되면, 해당 정당의 지지도를 올려주는 효과도 누릴 수 있다. 그만큼 주요 정당들의 공천 작업은 후보자 개인의 당락에도 영향을 미치지만, 주요 정당이 국회 제1당이 될지 말지, 시·도의회의 최다 의석을 갖게 될지 등의 정당 환경에도 영향을 미치게 되는 등 선거의 판도를 정하는 중요한 과정이다. 최근에 이런 공천 과정에 주로 활용되는 것이 당내 경선이다. 운동 경기로 따지면 예선 경기를 거쳐서 본선 경기의 진출자를 가리는 과정이라고 생각하면 된다. 그런 이유로 후보자는 경선 방식을 정하는 과정부터 신경을 써야 한다. 경선 방식은 주로 당내 지도부의 경선관리위원회에서 경선룰을 정하기도 하지만, 선거구를 놓고 같이 경쟁하는 당내 후보자끼리 경선룰을 조율하여, 소속 정당과 협의할 수도 있다. 그런 이유로, 지역에서 열심히 출마를 위한 노력을 하기보다 중앙 정치권을 어슬렁거리며 당내 지도부에 줄을 서기 위한 노력에 더 치중하는 희망자도 있다. 하지만, 그런 자들이 설령 지도부를 교란하여 당내 공천을 받더라도 본 선거에서 자신보다 더 강한 자당 출신의 무소속 후보자나 상대 정당 후보자를 만나게 되면 결국 낙선을 하고, 지역사회에서도 정치를 오래 못하게 되는 사례들을 많이 보아왔다.

그렇다면, 경선 준비는 어떻게 할 것인가? 먼저, 후보자가 어떤 모양으로 선거를 전개할 것인가를 선택해야 한다. 기존 정당에서 경선을 한다는 것은 2명 이상의 공천 신청자가 있다는 의미다. 공천을 받게 되는 후보자는 정당의 후보자로 본 선거를 마칠 때까지 선거운동을 할 수 있지만, 공천신청자가 당내 경선에 참여했다가 공천을 받지 못하는 상황에는 본 선거에 나가는 것이 제한적으로 불가능하고, 또한 공천을 떨어진 자가 나가본들 출마의 명분이 부족해지기 때문이다. 선거법상 당내 경선에 참여하여 공천에 실패하게 되면 동일한 선거구에 동일한 체급의 후보자로는 출마할 수 없다는 규정이 있고, 무엇보다도 공천 신청을 했다가 결과에 불복하고 무소속이나 다른 정당의 공천을 받아 선거에 나오는 것은 기존 당원들과 지지자들에 대한 의중과도 배치되는 후보자의 행보가 된다. 그러기에 경선 참여와 공천 신청에는 신중하고 책임 있는 후보자의 고민이 뒤따라야 한다.

후보자의 경선 참여는 두 가지 선택지로 귀결된다. 경선에 이겨서 공천을 받게 되면 선거 완주를 할 수 있는 자격이 주어지고, 경선 참여 후 경선에 패하거나 공천을 받지 못하는 경우에는 해당 선거구에서의 출마를 포기해야 하는 단 두가지 행보 외에는 선택지가 없다. 또한, 후보자가 경선에 불참하여 선거를 완주하려면 기존 정당 경선에 참여하지 않고, 탈당한 후 무소속 후보자로 출마하는 방법이 있다. 분명한 것은 경선에 참여하였다가 공천을 받지 못하면 해당 선거의 출마는 어렵게 된다는 것이다. 선거법에서는 당내 경선 또한 하나의 선거로 풀이하기 때문이다. 공천 탈락자의 출마 제한은 과거 대통령 선거 당내 경선에서 패배한 이인제 후보가 무소속 대통령 후보로 나와 기존 정당의 이회창 후보의 지지율을 나누어 가짐으로써 종국에는 기존 정당에서 공천 받은 이회창 후보자의 득표율에 심각한 타격을 주었던 정당공천제의 폐해를 방지하기 위해 만들어진 제도이다.

경선 참여를 위한 당내 경선 룰을 정하는 것은 매우 중요한 후보자의 전략이 된다. 경선에는 체육관이나 큰 실내시설 등의 특정 장소에서 당원이나 선거인단들의 직접 투표로 결정하는 경선 방식과 미국의 오픈 프라이머리처럼 당원 여론조사나 일반 국민 지지도 조사 등을 간접 투표로 산정하는 경선 방식이 있으며, 이 두 방식을 적절한 비율로 정해 합산하여 선출하는 것이 현재 우리나라에서 행해지는 경선의 방식이다. 경선 룰을 정하기에 따라 본선에 나갈 최종 후보자가 바뀐 유명한 사례는 2007년 한나라당 대통령 경선에서 직접투표 50%와 간접투표 50%로 후보를 정하는데 있어, 잠실체육관의 현장 직접투표에서 이긴 박근혜 후보가 정작 여론조사 등의 간접투표에서는 이명박 후보에게 패해 최종후보로 이명박 후보가 본선에 나가게 되었고, 본선에서도 승리하여 대통령 당선이 된 사례가 있다.

그런만큼 경선에 참여하는 후보자나 후보자 캠프는 무엇보다 경선 룰을 정하는 논의에 집중해야 한다. 선거를 득표게임으로 이해했을 때 어떤 표에 가점을 줄지, 어떤 방식으로 게임을 할지를 정하는 경선 룰은 게임을 지배하고, 경선을 지배하여 후보자의 선거판도를 지배하는 중요한 협상의 대상이 될 것이다. 경선 일정과 경선 방식을 후보자에게 유리한 판도로 끌고 와야 하고, 경선에 참여하는 경선인단의 기준과 참여자의 인원까지 조율해야 한다. 여론조사를 대비한 별도의 협의가 있어야 하고, 당내 경선을 준비하며 기존 당원들에 대한 홍보 방안도 선제적으로 강구되어 있어야 한다. 무엇보다 경선에 참여하면 경선에 최선을 다해서 이겨야 한다. 경선 또한 당내 후보를 추천하는 선거다. 경선에 지게 되면 본선은 없다.

제26계. 여론조사(輿論調査)

모든 국민은 자신들의 수준에 맞는 정부를 가진다.

— **알렉시스 드 토크빌**

여론 조사는 지역과 정당의 여론을 가늠할 수 있고, 후보자에 대한 위치를 확인 할 수 있다는 의미에서 선거전이 진행될수록 중요해진다. 또한, 지역 유권자에 대한 후보자별 지지도를 조사하거나 주요 정책에 대한 수요 조사로도 활용된다. 특히 대통령에 대한 국정지지도와 같은 여론 조사는 정책의 방향을 선정하고, 국민의 국정에 관한 찬반여론을 수렴하여 국정 전반에 영향을 주는 척도가 되기도 한다. 당사자에게는 차후 행보에 영향을 주는 참고자료이고, 국민이나 유권자에게는 설득의 논리나 정당성의 자료가 되기도 한다. 여론 조사 결과에 따라 유권자들은 자신의 선거구에서 경쟁하는 후보자별 지지도를 알 수 있고, 후보자들도 서로를 가늠할 수 있게 된다. 그런 만큼, 정치인이라면 그 당사자가 여론 조사 항목에 들어가 있는 한, 여론 조사의 결과에 신경이 쓰이지 않을 수 없다. 보통은 후보자의 인지도나 지지도가 여론 조사 결과에 영향을 크게 미치는 작용을 하지만, 반대로 여론 조사 결과가 후보자의 선거운동에 힘을 불어 넣기도 하고, 힘을 빠지게도 한다. 같은 선거구에서 경쟁하는 후보자 선거캠프에서는 좋은 수치로 나온 여론 조사 결과를 유권자들에게 홍보수단으로 활용하는가 하면, 치열하게 경쟁하는 백중세의 상대 후보자와 비교하는 선거 메시지로도 사용한다. 줄곧 선두 순위의 여론 조사 결과를 유지하는 후보자 쪽에서는 대세 후보로서의 입지를 구축할 것이고, 2위 그룹에 있지만 여론 조사 결과에서 상승세의 추이로 선두를 추격하는 후보자 쪽에서는 역전에 대한 기대감을 선전할 것이다. 한편, 당선가능성이 아니라 후보자의 도덕성이나 공약실현성과 같은 문구를 놓고 진행되는 여론 조사에 대해서는 당선가능성과는 별개의 여론 조사 결과가 나올 수 있는데, 각 후보자는 자신에게 유리한 여론 조사 결과가 유권자들에게 전파되기를 원한다. 즉, '당신은 어떤 후보자를 지지하느냐?'라는 질문의 조사 결과와 '당신은 어떤 후보자가 당선될 것 같으냐?'라는 질문의 조사 결과는 달라진다는 것이다. 이런 유권자들의 표심 변화에 여론 조사는 커다란 영향을 미친다. 결국, 여론 조사 결과에 따라 선거 운동 전략이 달라지고, 유권자의 반응이 달라진다는 것이다.

여론 조사는 통계이고, 수치이다. 그러기에 유권자들의 여론을 함부로 왜곡시켜서는 안 된다. 여론 조사를 실시하고, 결과를 도출하여 각 후보자 측에서 활용하는 전 과정이 선거법을 준수해야 하고, 중앙선관위의 관리·감독을 받아야 하는 사항이다. 그래야 선거에 출마하는 후보자들과 지역 유권자들에 대한 객관적 자료로 인정을 받는 것이다. 언론이나 후보자 쪽에서 실시하는 여론 조사에서는 유권자들의 특성과 의견 등을 파악하여, 후보자들의 선거 전략에 기초자료로 활용하는 역할을 한다. 후보자별로 유권자들이 선호하는 요인을 파악하고, 비교할 수 있다. 또한, 후보자와 소속 정당에 대한 강점과 약점을 측정해주고, 바람직한 정책 방향을 잡아주며, 후보자의 공약과 유권자들의 이슈에 대한 관심도도 파악해 준다. 이렇게 종합적으로 통계화된 자료들이 후보자에게 유권자들에 관한 객관적 지표들을 올바르게 평가할 수 있게 해주어, 선거에 출마한 각 후보자로 하여금 해당 사항을 보완하게 한다. 결국, 유권자들의 관심사항에 효과적으로 대처한 후보가 유권자들의 마음을 얻고, 높은 당선 가능성을 갖는다. 유권자들이 바라는 요구사항들에 구체적으로 접근하기 위해서는 상황에 맞는 여론 조사 방식을 적용시킬 필요가 있다. 우선, 조사 방식은 전화방식이나 대면방식이 있으나 시간적·비용적인 이유로 전화방식을 주로 활용한다. 전화방식에는 면접자를 이용하는 방식과 기계를 이용한 ARS조사 방식이 있으나 신속한 결과도출과 비용적인 이유로 ARS 방식을 많이 쓴다. 당연히 면접자 방식에 비해 정밀하거나 구체적 분석 기능은 떨어지기 마련이다. 또한, 응답자에 대한 기준도 달리할 수 있고, 조사 시점과 조사 대상, 그리고 조사범위와 조사문항에 따라서도 천차만별의 여론 조사 결과를 얻게 된다. 경우에 따라서는 기술적으로 여론 조사도 수치놀음을 할 수 있다는 것이다. 조사 결과를 받는 유권자들은 조사 과정에 대한 내용보다는 조사 결과와 수치만을 놓고 후보자를 판단하는 경향이 있기 때문에 후보자 역시 자신에게 유리한 여론 조사의 결과에 대해 유용한 단락을 잘라 쓰기도 하고, 유리한 해석만 뽑아 선거전에 활용하기도 한다.

또한, 사전에 집계 방식을 변형하여 여론조사 의뢰자의 입맛에 맞도록 프레임을 짜는 것도 불가능하지 않다. 기본적으로는 여론 조사 문항과 문구를 의뢰인 쪽에서 작성하고, 여론 조사 실시 대상과 일정을 선관위에 검토를 받고 있지만, 여론 조사 의뢰자의 의도대로 결과를 예상하여 의도된 여론 조사를 할 수도 있다는 의미이다. 여론 조사의 샘플을 추출할 때, 조사 대상자를 어떻게 추출하는가와 어느 부분에 가중치를 줄 것인가 등을 놓고 문항을 지지도 조사를 빙자해 인지도를 높이기 위한 내용으로 꾸민다던지 여러 기법을 통해 여론 조사를 실시할 수 있다. 여론 조사 의뢰자는 개인도 할 수 있고, 언론사, 시민단체 등 선관위에 사전신고를 한 누구든지 가능하다. 그 내용에 상대 후보에 대한 허위사실이나 명예훼손 사항이 있으면 조사 의뢰자가 책임져야 한다. 연령대와 세대별로 구분하여 집계하고 가중치를 투표 참여율에 비례하여 산정하기도 하고, 집 전화 걸기나 핸드폰 걸기에 대한 비율을 조정하여 후보자에 유리한 세대를 골라서 조사대상을 선정할 수도 있다. 상대적으로 집 전화 응답율은 장년, 노년층이 많고, 핸드폰 응답율은 청년층이 높기 때문에 이를 감안해 유리한 쪽을 선택하기도 한다. 또한, 조사 시기를 주말에 하면 집 전화 응답율이 낮게 된다. 응답율이 낮다는 것은 핸드폰을 많이 쓰는 젊은 층의 응답율을 올릴 수 있다는 반증이 되며, 주중에 집 전화로 조사하면 상대적으로 자영업이나 주부들이 많이 받는다는 특징도 있다. 덧붙여 단일 지역구 내에서도 역대 선거에서 보수진영의 득표가 높았던 지역이 있는 반면에, 진보진영의 득표가 높은 동네가 있는 것도 사실인지라 그에 따른 샘플을 늘리는 것도 조사 결과에 의도적인 접근을 가능하게 한다.

여론 조사의 생명은 당연히 조사의 객관성과 그 과정에서 독립성 확보다. 하지만, 언론사나 여론 조사 기관에서 어떤 의도성을 갖고 여론 조사를 하는지도 조사 결과에 심대한 영향을 미치는 것이 사실이다. 그래서 현장에서 선거를 많이 경험해 본 선거 전문가들은 여론 조사를 참고할 뿐, 절대적으로 신망하지 않는다. 조사 결과를 나름 마사지할 수 있다는 것을 알기 때문이다. 하지만, 더욱 명확한 사실은 여론 조사 결과가 유권자와 대중에게 영향을 주고, 표심을 움직이거나 선거 분위기를 분석하는데 더 없이 좋은 자료로 활용되고 있다는 사실이다. 조사 결과가 나쁘게 나오는 후보자가 아무리 조사 결과를 무시하려 해도, 유권자의 여론동향에는 분명 영향을 준다는 것이다. 여론 조사 결과는 보통 밴드왜건 현상(편승 효과)을 동반하기 때문에 유권자들은 여론 조사에서 1위로 나온 후보자에 더욱 집중하는 현상이 두드러진다. 특히, 결과에 대한 차이가 크면 클수록 선거 운동 분위기를 더욱 좌우하게 된다. 선두 후보자 선거캠프에서는 해당 여론 조사 결과를 최고의 홍보자료로 활용하고, 수많은 언론에서는 그 결과를 다시 언론기사나 매체를 통해 재생산하여 유권자들에게 전파한다. 그 소식들은 다시 유권자들의 입과 SNS를 통해 무한정 전파되고, 지역의 정치권 분위기를 다잡아 버린다. 그런 결과가 다른 매체에서 실시한 여론 조사 결과와 다른 시기에 실시한 여론 조사 결과 등과 반복해서 비교한다면 그 결과는 더욱 정확도가 높아지고, 객관성을 확보하는 것이다. 후보자가 여론 조사에 좋은 결과에 나오기 위해서는 우선, 유권자들이 후보자를 많이 알아야 해서 인지도를 높여야 하고, 그런 인지도를 후보자의 지지도로 연결하게끔 후보자에 대한 홍보 전략에 만전을 기울여야 한다. 인지도가 낮은 후보자는 절대 지지도가 높을 수 없다. 적어도 후보자에 대한 인지도를 높여 놓아야 그 다음 단계인 지지도 상승을 쾌할 수 있다. 그런 의도에서 후보자는 중앙 언론이 담당하는 방송 출연이나 언론 인터뷰를 하고 나면 인지도 고취에 도움이 되는 것이다. 여론 조사 결과가 선거 당락과 항상 일치하는 것은 아니지만, 반대로 여론 조사에서 번번이 후순위에 있는 후보자가 선거에서 당선된 사례도 본 적이 거의 없다.

제27계. 당원관리(黨員管理)

민주주의에 대한 나의 개념은
가장 약한 자가 가장 강한 자와
똑같은 기회를 가질 수 있는 것이다.

———

마하트마 간디

　당내 경선의 원래 의미는 해당 정당의 당원이 후보자를 선출하여, 당원이 추천하는 후보자를 본 선거에 나가서 이길 수 있도록 당내 예선전을 거치는 제도이다. 본 선거에서 더욱 당선가능성이 높은 본선 경쟁자를 당내 시스템을 통해 추려내자는 의미이다. 그래서, 당내 경선은 기본적으로 후보자가 속한 정당의 당헌과 당규에 의해 통제되고, 당 선거를 관리하는 별도의 전담팀에서 운영을 맡아 진행한다. 그러기에 당연히, 후보자의 당원들에 대한 지지도가 좋아야 하고, 당 기여도가 우수해야 한다. 또한, 당의 이미지와도 잘 부합되어야 하고 당론과 당규에도 적합해야 한다. 본 선거가 당선가능성만을 최우선적으로 고려하여 후보자를 선정한다면, 당내 경선은 상대적으로 해당 정당의 대표성을 강조하는 것이다. 보수 정당이든, 진보 정당이든 본 선거를 이기려면 중도층을 껴안는 후보자가 이길 가능성이 크지만, 당내 경선은 오히려 당색이 뚜렷한 후보자가 유리하다는 것이다. 하지만, 최근의 당내 경선은 당원들에 대한 판단과 일반 유권자의 여론 평가를 합산하여 당내 경선의 공천 후보자를 선정한다. 최근에는 오히려 본 선거에서 당선이 되는 요건을 가장 중요시하는 추세라 당원의 비중은 줄이면서, 일반 유권자의 참여도를 넓혀 당내 경선을 진행하고 있다. 당내 경선의 형식이 해당 선거가 치러지는 정치상황과 분위기에 알맞게 적용되기 때문에 고정적으로 정해진 것은 아니다. 이에, 선거인단과 당원들의 직접 투표 방식도 있지만, 여러 제약적인 이유로 전화 여론 조사를 실시하는 방식을 다수 채택하고 있다. 이를테면 당원들과 일반 국민의 여론 조사를 하여 합산하여 최다득표를 한 후보자가 최종적으로 당내 공천을 받는 후보자로 선정되는 방식을 활용한다. 하지만, 당내 경선의 선거인단 범위가 어떻게 정해지더라도 당원은 당내 경선에 무조건 참여하여 조사 대상이 되기 때문에 후보자 입장에서는 자신이 속한 선거구의 당원들을 필수적으로 관리해야 한다.

후보자가 속한 선거구의 당원은 당내 경선에도 영향을 미치지만, 자고로 당원이라 하면 일반 국민에 비해 정치적인 관심도가 높고, 정치적 여론과 민심을 형성하는데 주도적인 역할을 하는 경향이 두드러지는 사람들을 말한다. 이런 이유로, 지역구 내의 당원을 관리하는 작업은 선거 운동 기간과 상관없이 정치인이라면 지속적으로 후보자나 선거 희망자에게 요구되는 필수 사항이다. 당원을 쉽게 해석하자면, 일정한 당비를 내고 정당에 소속된 유권자라고 보면 된다. 정당에 납부하는 당비의 차이는 있을지라도 당원명부에 명시된 사람이라면 당원으로 관리한다. 정당의 중앙당 조직 부서나 시·도당 조직 부서, 그리고 시·당협의회에서 정기적으로 당원의 입당과 탈당 사항을 관리한다. 또한, 헌법에 명시된 것처럼 선거권이 있는 모든 국민은 정당의 당원이 될 수 있지만, 복수 정당에는 가입할 수 없다는 규정도 있다. 그 때문에 자신의 사비를 납부해 가며 정당활동에 참여하는 당원을 후보자의 1차 지지자 집단으로 끌고 올 수 있어야 한다. 출마하는 선거구의 당원을 확보할 수 있다는 장점 때문에 출마 희망자들이 해당 정당의 공천을 받기를 원한다고 해도 과언이 아니다. 당원이 후보자의 1차 집단으로 지지를 해준다면 다른 후보자에 비해 출발지점이 훨씬 앞선다는 것을 의미한다. 하지만, 무소속 후보자는 1차 지지자 집단인 수많은 당원들을 포기한 채로 본 선거에서 이겨내야 하기에 당선이 참으로 어려운 것이다.

선거구 내 당원들은 그 지역의 당원(지역)협의회 단위로 운영된다. 지역 당원협의회 위에 시·도당 당원협의회가 있고, 중앙당 최고의결기관인 최고회의가 있다. 보통은 해당 지역의 국회의원이 지역 당협위원장을 맞고 있으며, 당협위원장이 없는 지역구는 중앙당에서 직접 관리를 하기도 한다. 당협위원장들도 당원들의 경선이나 추대를 통해 선출되어지고, 당협위원회 구성도 당원들로 구성된다. 그런 이유로, 후보자나 선거 출마희망자는 기존 정당의 공천을 희망한다면 평소 정당의 지역 당협위원회 활동에 집중을 할 필요가 있다. 지역구에 줄곧 거주해온 후보자라면 당원들과 함께 하는 시간을 늘려가고, 지역봉사나 지역의 여러 선거유세에서 정치적 내공을 보일 수 있어야 한다. 또한, 지역 당협위원장과 좋은 관계를 유지하며, 정치적 동질감을 형성하는 것이 중요하다. 정치적이고 동지적인 관계를 형성하되, 절대 정치적 희생양이나 적대적 관계는 되지 말라는 첨언도 강조하고 싶다. 지역 정치권이라는 곳이 의외로 좁아서 지역 정치권에서 인간적인 감정싸움으로 인해 서로에게 해를 끼치는 상황들을 종종 봐왔기 때문이다. 반면, 선거구에서 오랜 기간 살아온 지역구가 아니거나 중앙당에서 전략적으로 지역을 배치해 주었다면 더욱 낮은 자세로 당원들에 접근해야 할 것이다. 소위 '낙하산 후보자'라는 인식을 받지 않도록 행동해야 하는 것이다. 왜냐하면, 분명 그 지역에서도 후보자와 동일 선거 체급을 준비하는 기존의 출마 희망자가 있을 것이기 때문이다. '굴러온 돌'로 낙인 찍혀서는 안 되고, 중앙에서 인정한 전문가라는 인식으로 당원에게 겸손한 자세로 접근해야 한다.

무엇보다 정당의 주인은 당원이고, 당원들은 그 지역구를 오래도록 지켜온 정당의 기초적인 뿌리집단이다. 그런 만큼 일반 유권자에게 인기도만 좋아서는 최종 본선에서 승리하기가 싫지 않다. 당원들의 절대적인 지지세를 토대로 경선을 넘어서 본 선거에 임해야 확장성 있는 선거운동을 전개해 갈 수 있다. 마치 집 안에서 인정받지 못하는 후보자가 집 밖에서 인정 받으려는 것과 같은 이치가 된다. 반면, 당원에게 인정받지 못하는 후보자는 본 선거에 올랐다고 해도 확장성은 커녕 내부에서 쏟아지는 총질로 안정적인 선거운동을 할 수가 없다. 공천을 받아 내었다고 한들, 당원들의 공감대가 없으면 당심이 하나가 되지 못하여 당내 당원이었다가 공천 결과를 인정하지 못하고, 무소속 출마를 결행해 버리는 당내 출신 후보자와 표심이 나누어져 나타나 버린다. 절대 일어나서는 안될 현상이다. 또한, 당내 경선이 끝나서 공천 확정 결과가 발표나더라도 함께 공천을 경쟁했던 후보자들을 모두 포용할 줄 알아야 한다. 너무나도 치열한 당내 경선 과정을 거치면서 서로간에 감정을 상하게 한 경우도 있었겠지만, 당내에서 같이 경쟁했던 경선 후보자 진영을 포용하지 못하면 본 선거에서 이길 수가 없다. 즉, 치열한 당내 경선을 거치면서 경선 과정이 끝나도록 하나의 원팀이 되지 못하면 상대 정당의 본 선거 경쟁자를 이길 수 없다는 것이다. 원팀이 되어서 최대한의 역량을 끌어 모아도 박빙의 승부가 예상되는 상황에 내부단속에 실패해서 당내 갈등이 지속된다면 그 선거는 불보듯 뻔하다. 그런 의미에서 당원의 마음을 다잡지 못하는 선거는 이길 수가 없다. 당원들의 절대적 지지 속에서 후보자는 선거운동의 기틀이 마련되는 것이다. 당원 안에서 직능 단위로 여러 직업군으로 후보자를 소개하고, 조직을 확장시키고, 넓혀간다. 또한, 당원을 통해 후보자의 정책과 공약을 홍보하는 시작점을 찾을 수 있다. 상대 정당 후보자의 논리에 대항할 수 있고, 선거가 끝나는 날까지 절대적으로 후보자를 지지해주는 집단으로 남아있는 것이 당원들이다.

차곡차곡 준비해서 출마하는 후보자라면 출마하는 선거구에서 일반 유권자들을 당원으로 가입시키고 관리한다. 선거만을 위해서가 아니라 일상생활을 하면서 후보자만을 신뢰하고 가입하는 당원이 있다면, 그 당원은 후보자에게 천군만마와 같은 역할을 할 것이다. 오롯이 후보자에게 피와 살이 되는 당원이 되는 것이다. 그래서, 선거운동과는 별개로 출마를 희망하는 후보자라면 일상적으로 지역 주민들을 만나서 친해지고, 친해지면 같이 당원이 되어 지역 활동을 함께 한다. 당내에서 그만큼 후보자의 영역이 넓어지는 것을 의미한다. 홀연단신으로 당내에 들어와서 당원들과의 교감을 넓혀가는 것보다 후보자를 지지하는 사람들이 선거구 내 당원협의회에 많이 가입한다면 그만큼 후보자의 우군을 갖고 정당 생활을 영위하는 것이다. 당내에서 동고동락을 함께 하는 사람들을 일컬어 '당원 동지'라고 하는 이유다.

제28계. 경선전략(競選戰略)

겁쟁이는 죽음에 앞서 몇 번이고 죽지만
용감한 사람은 한 번밖에 죽음을 맛보지 않는다.

——

윌리엄 셰익스피어

주요 정당에서 후보자를 선정하는 방법에는 크게 당내 경선이라는 선출방식을 통한 방법과 전략 공천이라는 추대방식을 통한 방법 등으로 나눠볼 수 있다. 과거 제왕적 당대표 시절에는 당대표가 하향식으로 특정 후보를 추천하여 지역 선거구에 내리꽂는 전략 공천의 방식이 많이 통용되기도 했지만, 당내 민주주의가 발전하고 지역 여론과 당심이 중앙당으로 올라오는 상향식 공천방식인 당내 경선 방식을 최근에는 주요 정당들에서 채택하여 사용하고 있다. 하지만, 당내 경선이 당내 민주주의에 더 가까이 근접하다고 해서, 꼭 장점만을 갖고 있는 것이 아니다. 정당 공천의 최종 목적은 후보자의 당선이고, 선거에서 승리하여 정당의 세력을 확장하는 것이다. 하지만, 반드시 당내 경선이 높은 당선율과 직결되는 것은 아니라는 것이다. 같은 선거구를 놓고 서로 팽팽한 당내 후보자들이 경선이라는 작은 선거를 치르다보면, 종종 원수보다 못한 사이가 되는 것을 흔히 보게 된다. 즉, 당내 경선을 거치면서 동일 선거구의 당원들도 쪼개지고, 서로가 앙숙이 되어 상처 뿐인 경선으로 남을 수 있다는 것이다. 이전투구와 힐난한 공격을 퍼붓다가 만신창이가 된 경선 승리자가 본 선거에 올라가서 상대 정당의 경쟁 후보자를 만나본들 낙선이 불보듯 뻔하다는 것이다. 당내 경선 과정에서 나왔던 가짜뉴스와 허위사실들이 당내 경쟁력을 떨어트리고, 종국에는 본 선거에 올라 자기 자신에게 되돌아오는 것이다. 그리고, 치열하게 상대했던 같은 당원인 경선 경쟁자 측의 지지자들도 상처를 안고 본 선거에서 자당 후보자를 돕지 않거나 오히려 투표에 참여하지 않고 관망해 버리면, 당내 결속력이 떨어져서 본 선거에서 상대 정당 후보자에게 패하고 마는 수순을 밟게 된다. 그런 만큼 당내 경선에서 당원들의 결속과 단합을 유도하고, 선거의 흥행성을 올려 당 지지도와 당내 후보자들의 인지도와 대중성을 확보하는 순기능적 효과를 극대화해야 한다.

후보자는 같은 선거구를 두고 경쟁하는 당내 후보자 경선을 치르기 위해 본 선거 만큼이나 철저한 전략으로 당내 선거전에 임해야 한다. 당내 경선을 본 선거와 비교하자면, 당원과 유권자들에 대한 대상 범위가 당헌과 당규에 따라 규정된 룰이 적용되는 것을 제외하고는 선거에 대한 제반사항들은 일반적인 선거와 비슷하다. 우선, 당내 경선은 당원들과 일반국민 선거인단으로 그 범위를 제한하고 있다. 또한, 본 선거가 투표용지에 의한 다득표자가 최종적으로 당선되는 것과 비교하여, 당내 경선은 당원 득표와 선거인단 득표, 또는 여론 조사 결과를 수치화하고 전체적으로 득표화하여 당내 후보자들의 등수를 나누게 된다. 그리고, 경선 선거 운동에 있어서도 둘 다 금권선거를 금지하고, 선관위의 지도대상이며, 선거법의 범주 내에서 행해지지만, 당원들에 대한 경선 선거운동은 조금 더 유연하게 운동할 수 있도록 당내 규정을 보완하고 있다. 당내 토론회와 연설회 등도 경선 참여자들의 합의와 조정에 따라 정할 수 있으며, 이벤트적인 요소들을 첨가하여 비전발표회나 당원 인사 절차, 청년당원 검증 등의 다양한 행사를 곁들여 여론의 흥행요소와 국민들의 관심도를 올리는 요소를 포함해 다양하게 시도할 수 있다. 당내 경선이기에 선거법과 관련된 큰 기준 안에서 정당의 특성을 살리는 진행 방식과 후보자의 선정 기준을 마련하는 것이다. 그런 만큼 선거구마다 진행되는 경선 방식이 다소 다를 수 있고, 경선 시기와 후보자 최종 선정 절차도 지역 사정을 감안하여 정해지고 있다.

먼저, 경선에 참여하는 후보자는 당원명부를 중앙당이나 지역구 당협위원회에서 받아 지역구 내 당원들과 경선인단으로 선정된 유권자들에게 홍보작업을 하는 것이 일반적이다. 당내 경선 과정을 거치게 되면, 후보자와 후보자 캠프는 경선 준비에 임하는 경선 체제로 선거캠프 분위기를 다잡는다. 우선, 지역에서 정당 생활을 오래한 당원들과 인지도가 높은 당내 인사를 찾아서 경선 준비팀을 구성한다. 당내 경선인들을 자신의 편으로 만들기 위해서 지역 선거구의 당원들에 대한 지역과 연령, 나이대를 기준으로 접근 전략을 짠다. 기본적으로는 전화와 문자를 통해 후보자의 당내 경선 경쟁력에 대한 지지 호소와 정책 홍보에 주력한다. 당원들과 경선 선거인단을 대상으로 한 경선 선거운동인 만큼 본 선거 경쟁력과 당선 가능성에 대한 호소 내용이 담겨 있어야 할 것이다. 또한, 일반 유권자들에 하는 광범위한 선거전략보다는 당원 개개인에 역점을 둔 핀셋전략이 필요하다. 당원의 집안 대소사를 챙기고, 당원의 직업이나 소속 집단을 이해하여 접근하는 방식이 필요하다. 무엇보다 당원 행사에서 정치 후보자의 역량을 발휘하는 제스처를 보여 주어야 한다. 당원교육 행사장이나 당원 워크샵, 당원 봉사활동 등에서 후보자의 능력을 선보이고 향후 선거에 출마할 것을 엿보이는 모양새도 사전에 해두는 것이 좋은 전략이 될 수 있다. 당원과 함께 많은 공감대가 형성되어 깊은 교감을 한다는 것은 경선 운동을 위한 좋은 초석이 된다. 당원들을 상대로 하는 정책보고회나 당원보고 대회를 하는 것도 방법이다. 당원들을 상대로 하는 토론회나 모임은 선관위의 단속대상이 아니다. 일반 유권자에 대한 선거운동 규정이 까다로운 것이지, 당원들에 대한 집회나 토론회는 그 횟수에 크게 제약이 없다. 또한, 홍보자료에 대한 단속 규정도 자율적이다. 당원은 국민의 정치참여에 대한 자유권이 헌법상에 명시되어 있는 신분이다. 그러기에 후보자는 정책을 이용한 최대한의 홍보전을 당원들에게 제시하고, 소통을 할 필요가 있다. 정치 신인 일수록 지역구 당원과의 접촉과 소통을 더욱 빈번히 해야 한다. 자주 보면 정이 더 생기는 것이 인지상정이다. 경선 선거인단을 일일이 맨투맨 방식으로 체크해 나가며 당원 한 명 한 명에게 발품을 파는 선거운동이 가장 기본적이며 명확한 선거 전략인 것이다.

또한, 경선을 위해 후보자는 자체 여론조사를 시행해 볼 필요가 있다. 여기에는 2가지 의도로 접근 할 수 있는데, 후보자의 내부 참고자료로 쓰기 위해 객관적으로 여론 조사를 하여, 냉정하고 이성적으로 선거분위기 양상을 분석하려는 의도가 있을 수 있다. 반면, 후보자의 인지도를 높이고, 지지도 재고를 위한 선거운동 전략상 여론 조사를 시행할 수도 있다. 경선을 앞둔 여론 조사의 문구를 예로 들면, 1) 귀하께서는 이번 선거에 출마하는 홍길동 후보자에 대해 들어 본 적이 있습니까? 2) 홍길동 후보자의 어떤 점이 강점이라고 판단됩니까? 등 후보자의 홍보성을 전제로 전략적으로 실시한다. 또한, 자신의 이름을 반복해서 부각한다던지, 문항의 앞 번호로 보기를 준다던지 하면 자연스레 의뢰한 후보자의 여론 조사 결과는 상승하는 모양새로 나올 수 있다. 여러 수치적 변형방법이 많으나, 당연히 유권자들에게 결과가 발표되는 모든 여론 조사는 선관위의 기준과 선거법에 따라야 한다. 여론 조사 결과 후보자 지지도의 상승 결과를 놓고 홍보할 수도 있고, 지금 현재 1등은 아닐지라도 상승하는 과정의 추세를 두고 홍보할 수도 있다. 즉, 여론 조사에서 얻은 자체 조사 결과를 각 후보자의 선거캠프에서는 다소 자의적으로 분석하여 홍보전에 사용할 수 있다는 것이다. 또한, 당내 여론 조사나 경쟁 후보자가 발표하는 여론 조사 결과에 대한 '물타기 전략'으로도 활용할 수 있다. 무엇보다 경선을 앞둔 당내 여론 조사는 후보자 자체의 경쟁력을 판단할 수 있는 내부 자료로 냉정하게 시행해 볼 필요가 있다. 후보자 자신의 한계를 진단하고, 조사 항목에 따른 후보자의 현 상황을 평가해 보는 것은 후보자의 진전된 선거운동 전략에 변화를 줄 수 있다.

경선 선거운동을 하다보면, 당내 선거를 함께 주도하는 당원이나 선거인단은 정작 후보자에게 크게 쓴소리나 반발동향을 보이지 않는다. 같이 얼굴 마주치는 지역구 당원이기에 후보자 앞에서도 내색하지 않고, 모든 당원이 후보자 자신을 지지할 것만 같다. 당원 모두가 달고 좋은 훈수와 후보자의 단점을 지적하며 관심을 둔다. 후보자의 당내 위치를 아는 것은 경선 선거 전략의 첫 걸음이 된다. 상황에 따라서는 당내 경쟁력이 좋지 않으면, 경선 참여에 대한 고민을 심각하게 해보는 전체 선거전의 중간 점검의 시간도 될 수 있는 것이다. 경선이 힘들고, 당내 경선 없이 전략 공천을 받아서 본 선거를 일찍이 준비하고 싶은 마음 또한 공통된 후보자들의 마음이다. 하지만, 어차피 경선을 해야 한다면 자신의 가치를 평가하는 기회라는 생각으로 임할 자세도 필요하다. 당내 경선을 통해 자신의 한계를 점검받는다는 것은 후보자를 위해서도 좋은 예방주사가 된다. 부족분은 부족한 대로 채워가며, 장점은 장점대로 살려서 선거전에 임하면 될 일이다. 하지만, 무엇보다 후보자가 염두해 두어야 할 것은 당내 경선도 엄연히 선거라는 점이다. 당내 경선에 참여하게 되면 경쟁하는 자당 상대 후보자가 귀책사유가 없는 한 무조건적으로 경선결과에 승복하고 따라야 한다. 즉, 경선 결과에 패하게 되면 본 선거에는 나갈 수 없게 된다. 그런만큼 각 후보자는 당내 경선에도 본 선거 이상으로 집중하여 전력을 다 할 것이다. 후보자 본인은 같은 당원이고 동지적 관계여서 쉽게 생각한 관계 설정을, 함께 경쟁하는 당내 후보자 측에서는 죽고 사는 생사의 전략으로 접근할 수 있다. 또한, 선거가 치러지는 선거구가 무주공산이라 당선에 유력한 후보자가 없거나 당내 경선만 이기면 본 선거에서 오히려 상대적으로 쉽게 당선을 예상할 수 있는 선거구일수록 당내 경선이 치열하다. 상대적으로 영남에서는 보수 정당의 당내 경선이, 호남에서는 진보 정당의 당내 경선이 본 선거보다 치열한 경우가 자주 있다. 그만큼 당내 경선에서 승리하여 해당 정당의 공천을 받게 되면 본 선거에서 당선이 유력하다는 것을 반증하는 것이다. 후보자는 본 선거 승리를 위한 당내 선거인 것과 동시에 본 선거 운동을 위한 선거운동의 연장선으로 활용하여 당내 경선에 임해야 할 것이다.

제29계. 전략공천(戰略公薦)

천하와 국가를 다스리는 요점은
사람을 씀에 있을 따름이다.

———

정도전

    정당에게 있어 선거에 나갈 최종 후보자를 선택하는 공천 방법은 두 가지가 있다. 경쟁력 있는 후보자를 선별하여 해당 선거구에 출마를 하도록 낙점하여 선거구로 보내는 전략 공천 방식과 지역구의 당원과 유권자가 지역을 대신할 만한 후보자들을 별도의 룰을 통해 선정하여 중앙당으로 추천하는 당내 경선 방식이 있다. 그래서 전략 공천은 중앙에서 지역으로 내려온다고 해서 하향식 공천이라 하고, 당내 경선은 지역에서 중앙으로 올린다하여 상향식 공천이라 한다. 두 가지 방식 모두 장점과 단점을 갖고 있어서 지역구의 여러 상황과 선거를 희망하는 인물 등을 종합적으로 판단하여 중앙당과 전국 시·도당의 협의 하에 최고위원회를 거쳐 정해진다. 각 당의 최종 후보자는 1명이지만 선거를 희망하는 후보군은 여러 명이 도전을 준비하기에, 정도의 차이지만 항상 잡음이 나는 것이 당내 공천 과정이고, 당선이 유력한 선거구일수록 더욱 치열하기 나름이다. 최종적으로 정당의 공천을 받은 사람은 그 결과가 합리적이라고 할 것이고, 공천을 받지 못한 쪽은 비합리적이고 수긍을 못한다고 할 것이다. 그래서 각 정당은 투명하고 객관적이며, 당선 유력한 후보자를 뽑기 위해 공천 작업에 최선을 다하고, 공천을 희망하는 후보자는 당내 공천을 거머쥐기 위해 사력을 다한다. 지역 선거에 정당 기호를 달고 나갈 최종 후보자만이 정당의 존재와 후보자의 가치를 지역 유권자에게 평가 받는 기회를 얻기 때문이다.

당내 경선이 지역 유권자들에게 흥행이 되고, 상향식 공천이라는 민주적 공천인 것은 맞으나, 그에 대한 가장 큰 단점은 경선 봉합 갈등이 너무도 크다는 것이다. 즉, 당내 경선을 통해 특정 선거구에서 복수로 나눠서 치러진 후보자별 경쟁이 경선이 끝나고도 봉합이 되지 않고, 갈등과 상처만을 남긴 채 본 선거에서 단합된 힘을 보이지 못하는 것이다. 이런 단점과 분산되는 역량을 대신할 수 있는 것이 전략 공천인데, 그만큼 당내 경선을 거치며 소비되는 시간적·비용적 기회비용을 막을 수 있다. 중앙당에서 지역 선거구의 특징과 경쟁 정당 후보자의 장단점을 염두하여 맞춤형으로 상대 후보자를 압도할 수 있도록 공천자를 선정하는 것이 전략 공천 방식이다. 주로, 해당 선거구에 상대 정당 후보자를 압도하는 자당 후보자가 보이지 않거나 공천 신청을 한 후보군의 역량이 부족할 때 전략 공천을 활용한다. 하지만, 여기에도 당연히 반발이 생길 수 있다. 오래도록 해당 선거구에서 출마를 준비했던 후보자에게 있어서는 자신의 공천을 원천 차단하는 중앙당의 조치를 이해할 수 없고, 전략 공천으로 오는 후보자가 자기보다 경쟁력이 있다는 것을 객관적으로 인정할 수 없는 노릇이다. 이에, 전략 공천으로 인해 불만이 생긴 자당 후보자는 무소속 출마를 강행하는 악순환을 야기하기도 한다. 그런만큼 중앙당의 주관이 많이 개입되는 전략 공천은 객관성과 당선가능성을 담보로 하여 선정되어야 한다. 그리고, 공천받은 전략 공천 후보자가 그 동안 선거구에서 출마를 준비했던 자당 소속의 다른 후보자들에게 설득과 이해를 구하는 것이 가능해야 한다. 즉, 전략 공천을 해당 선거구의 당원들과 출마 후보자까지 공감할 수 있는 인물로 선정해야 한다는 것이다. 전략 공천자의 이력과 인물 본위, 경쟁력 등이 기타 후보자들을 압도해야 하기에 경쟁 상대에 대한 맞춤형 성격의 핀셋 공천 작업을 해야 한다. 예를 들어, 특정 지역에 신도시 조성 계획을 갖고 있다면 국토부 건설 분야 전문가를 전략 공천할 수 있는 것이고, 의과 대학 신설을 지역현안으로 추진하는 선거구라면 교육부 출신이나 대학 총장 출신의 명성 높은 인물을 찾아서 입후보를 타진할 것이다.

정당의 입장에서는 좋은 후보자를 옥석 고르듯 골라 유권자에게 내놓아야 하고, 후보자 입장에서는 맞춤형 정당 대표선수로 출마할 기회를 잡는 것이 전략 공천이다. 경우에 따라서 잘된 전략 공천은 복합적으로 순기능을 발휘하여, 선거 분위기를 주도하는 당선가능성을 높이는 순풍을 몰고 오기도 한다. 국회의원 선거에서 옆 지역구로 바람을 일으켜 유권자들 사이에서 인기도가 올라가기도 하고, 지방선거에서는 잘된 기초단체장 전략 공천이 순풍을 일으켜서 해당 지역의 광역의원과 기초의원 선거에까지 지지율 상승의 바람을 불러일으키기도 한다. 반면, 잘못된 전략 공천은 선거분위기에 역효과를 초래하기도 한다. 특히, 수도권을 중심으로 한 인구 밀집도가 높은 지역에서는 여론의 지탄을 받거나 잘못된 전략 공천을 하게 되면 바로 선거분위기에 악영향을 미쳐서 민심이반을 야기한다. 국회의원 선거라면, 근처의 다른 자당 소속의 후보자에게도 악영향을 미쳐 수도권 선거 전체에 좋은 못한 결과를 초래할 수 있고, 지방선거의 경우에 잘못된 전략 공천은 자당 공천 희망자의 탈당 후 무소속 출마라는 뼈아픈 결과를 낳을 수도 있고, 자당 출신 후보자끼리 본 선거에서 싸우다가 이겨야 할 선거구를 경쟁하는 정당 후보자에게 패하는 악전을 맞을 수도 있다. 그만큼 정당의 전략 공천 작업은 기업이 질 좋고, 가성비 좋은 상품을 소비자에게 내놓듯이 경쟁력 있고, 깨끗한 후보자를 유권자에게 내놓는 작업이다. 공히 어렵고, 고심을 더하는 작업이라고 하겠다. 후보자 자체도 상품이 좋아야 하겠지만, 경쟁 후보자라는 상품과 비교했을 때도 나아야 한다. 좋은 상품이라 해도 유행하는 시기가 있는 것처럼 정당은 각 선거에서 시대정신이 요구하는 전략적인 후보자를 잘 내놓아야 하는 것이다.

또한, 대통령 선거나 국회의원, 시·도지사 선거 등 체급이 큰 선거는 공천을 어떻게 하느냐가 당의 명운을 가늠할 정도로 귀추를 모으는 과정이다. 농부가 1년 농사를 잘 짓기 위해서는 밭에 좋은 씨앗들을 뿌려야 하는데, 공천 작업은 그 좋은 씨앗들을 골라내는 작업이라 할 수 있다. 씨앗이 좋아야 대지를 뚫고 올라와 싹을 틔우고, 줄기를 타고 올라 싱그러운 열매를 맺을 수 있는 것이다. 씨앗이 좋지 않으면 선거 과정에서 정책이 고갈되고, 후보의 자격이 검증되는 과정을 거치면서 땅 속에서 썩고 말게 되는 것이다. 또한, 한 번 공천을 준 후보자를 다시 번복하여 재공천 작업을 하는 것은 더욱 부작용이 감수되는 어려운 절차이기에 중앙당은 신중에 신중을 더해 공천 작업에 사활을 건다. 중앙당 입장에서는 공천 작업을 잘 해야 선거도 이길 수 있을 뿐 아니라, 당의 지지도와 확장성도 커지게 된다. 좋고 훌륭한 후보자를 공천하여 선거에 이기고, 당선자가 정치 일선에서 유권자와 국민에게 사랑 받는 정치인이 된다면 이것이 정당의 존재 가치가 되는 것이기 때문이다. 공천을 잘못하면 선거에도 이길 수 없을 뿐 아니라, 전략 공천이라는 미명하에 지역구 활동이 전무

하거나 자격 논란이 거센 후보자를 최종 후보자로 공천해 지역의 당심을 거스르게 되고, 종국에는 갈라진 지역 당심이 지역 민심까지 흉흉하게 만들어서 해당 지역에서는 향후 여러 선거와 정치 일정에 큰 무리가 뒤따르게 된다. 당에서 공천한 최종 후보자가 만만할수록 무소속 후보자들이 넘치기 마련이다. 너도 나도 정당으로부터 전략 공천을 받은 후보자보다 선거에서 이길 것 같으니 무소속 출마자가 나오는 것이다. 또한, 중앙당의 공천 과정을 인정할 수 없다거나 공천을 받은 최종 후보자가 자격이 없거나 결격 사유가 많다는 이유 등으로 직접 무소속 출마를 강행하는 후보자도 선거 때마다 발견할 수 있다. 중앙당 입장에서 더욱 당황스러운 모습은 자당 소속의 당원이나 출마를 희망했던 출마예상자가 탈당을 하거나 해당행위를 하고 다른 정당으로 입당하여 최종 공천을 받아서 후보자로 입후보하는 사례다. 너무도 뼈아픈 일이 아닐 수 없다. 당원들의 표심도 갈릴 뿐만 아니라 그런 상황이라면 민심도 동요하고 말기 때문이다.

그런 이유로, 최근의 선거에서는 복수의 후보자일 때는 일정 심사를 통해 당내 경선을 많이 활용하고 있다. 이는 지방선거에서 지역의 공천권에 주도적 역할을 하는 당협위원장이나 현역 국회의원이 한 쪽에 편을 들어 주었다가는 그 부작용을 2년 뒤에 실시될 자신의 국회의원 선거에서 고스란히 되받기를 부담스러워 하기 때문인 이유도 분명 있다. 당내 경선을 하지 않고,

특정 인물을 후보자로 낙점하여 공천을 주었을 때는 더 많은 사람들이 다음 총선이나 국회의원의 다른 행보를 가는데 있어서 더 큰 정적이 되어 복수의 칼을 갈고 있을 것이 자명하기 때문이다. 그러기에 당내 경선 또한 중립적이고 객관적으로 관리되어야 한다. 당협위원장이나 공천심사위원회가 어설프게 한 쪽에 유리한 룰을 정하거나 규정을 내어 놓으면, 뒤에 치러질 본선거에서 공천 앙금이 남게 되고, 그 흔적이 나타날 것이다. 쉽게 말해, 공천을 받아서 최종 후보자가 된들 당내 경선에서 함께 경쟁했던 경선 후보자들이 선거를 도와주지 않는다는 것이다. 오히려, 최종 공천받은 후보자의 흠을 보며 다니는 사례들도 제법 봐 왔다. 전략 공천의 경우에는 낙점 받는 후보자가 해당 지역구에서 특화된 능력을 발휘할 수 있거나 지역의 숙원사업에 대한 전문가이거나 하여, 해당 지역구에 공천 받기를 희망하는 다른 후보자들 보다 월등한 능력이나 기량을 갖추고 있어야 한다. 또한, 당내 경선을 택하여 출마 희망자끼리 경쟁을 할 때에는 무엇보다 객관적이고 상호간에 합의된 사항이 준수되어야 한다. 전략 공천과 당내 경선 모두 투명한 과정을 거쳐서 최상의 경쟁력 있는 후보자를 선정해 가는 과정이다. 본 선거는 아직 시작도 안한 씨앗을 찾는 중앙당과 유권자들의 후보자 심층 면접 과정인 것이다.

제30계. 무소속출마(無所屬出馬)

절대로, 절대로, 절대로, 절대로 포기하지 마라.

―

윈스턴 처칠

애초부터 선거 출마를 무소속으로 입후보 할 것을 마음먹은 후보자는 제한적이다. 거의 모든 후보자는 해당 정당의 공천을 받아 본 선거를 나갈 것을 염두하고 출마를 준비한다. 출마와 선거를 진지하게 생각하는 만큼 후보자 개개인이 정당 공천에 대한 자신감이 있었을 것이고, 경쟁력 또한 갖추었다는 것을 자임했을 것이다. 희망하는 정당의 공천을 받아낸다는 전제로 선거전을 준비하였을 것이며, 출마를 마음먹고 가족과 지인에게 입장을 밝혔을 때도 마찬가지로 공천은 당연히 확정적으로 염두해 둔 필수 전제였을 것이다. 하지만, 복수의 출마 희망자들이 같은 선거구의 정당 공천을 희망하고, 단 한 명만이 해당 정당의 공천을 받아 최종 본 선거에 나갈 수 있다. 그런 이유로, 예비후보자 등록을 한 출마 희망자들이 각 정당의 당내 경선이나 전략 공천의 과정을 거친다. 공천 확정자를 제외한 다수의 출마 희망자들은 애초에 선거를 준비했던 계획과는 달리 선택의 순간에 서게 된다. 정당의 공천을 받지 못한 후보자는 소속된 정당의 후보로는 본 선거에 최종적으로 나갈 수 없음을 선거법에서는 규정하고 있다. 정당 공천이 확정되기 전 예비후보로 등록한 예비후보자 자격으로는 소속 당원이라면 누구든 자당의 당 마크와 당명을 사용해서 선거 운동을 할 수 있지만, 선관위에 본 후보자를 등록한 후에는 해당 정당의 공천자 외에는 동일한 선거구에서 소속 정당 후보자로는 활동할 수가 없다. 즉, 당내 경선을 하지 않고, 서류심사나 전략 공천으로 인해 정당 공천에 탈락한다면 2가지 선택지만이 남게 된다. 정당 공천에서 탈락했으니, 후보자의 선거 일정을 중단하고 자연인 신분으로 돌아가는 방법과 둘째는 당내 경선을 거치지 않은 후보자에 한해, 소속된 자당을 탈당한 후 무소속으로 선거를 이어가는 방법이다. 무소속 출마를 하기 위해서는 종전의 소속했던 정당을 탈당하고 말그대로 어느 정당에도 소속되지 않은 신분으로 출마하는 방법이 있는 것이다.

누군가 정당 공천을 받았다면, 다수의 출마 희망자들은 다음 선거를 기약하거나 다른 기회를 엿봐야 한다. 그런 이유로 해당 선거구의 공천 결과는 소속 후보자들에게 새로운 과제와 결정을 요구하는 계기가 된다. 공천을 받은 후보자라면 더없이 기쁜 일 앞에서 겸허한 자세로 본 선거를 준비해 가면 된다. 공천 과 정에서 일어났던 당내 공천 경쟁자들과 화해하고 포용하여 본 선거를 위한 행보를 이어가면 된다. 하지만, 당내 공천에 탈락하 게 되면 후보자는 오히려 선택의 폭이 단순해진다. 선거전을 마 무리하고, 출마 여정을 거두는 것 외에는 다른 큰 선택지가 없 다. 간혹, 선거구를 옮겨서 공천을 받게 되거나 동일 지역구의 체급을 바꾸어서 출마하는 경우도 보았지만, 거의 대부분의 경 우는 출마를 접고 일상으로 돌아오는 수순 밖에는 별다른 대책 이 없다. 당내 경선을 거치면서 1등 경선 후보자와 표 차이가 미 미했거나 충분한 성장세와 당선가능성을 보인다면 다른 선거구 로 전략 공천되는 경우가 아주 가끔 일어나기도 하지만, 분명히 본 선거 전에 진행되는 당내 작은 선거인 경선에서 졌기 때문에 동일 선거구에 동일 체급으로는 출마할 수 없다. 하지만, 전략 공천의 경우는 당내 경선 선택지와 조금 다를 수 있다. 선거법 에서 당내 경선도 작은 선거로 보기 때문에 당내 경선 탈락자가 본 선거에 출마할 수는 없지만, 전략 공천으로 인해 공천을 받 지 못해 탈락한 경우라면 해당 선거구에서 후보자는 무소속 강 행이 가능하다. 즉, 공천을 희망했던 정당의 후보자가 아닌 소속 정당을 탈당한 후 무소속 후보자로 본 선거를 치를 수 있다는 것이다. 이 상황에서 후보자들은 깊은 고민에 빠지는 것이다.

전략 공천에 탈락한 후보자 당사자는 제일 먼저 '내가 무소속으로 나가도 승산이 있을까?'라고 고민하게 된다. 만약, 무소속으로 나가서 종전에 소속되었던 당원들의 당심을 극복하고, 유권자의 최종 선택을 받아서 당선이 된다면 기존 정당의 공천 작업이 잘못된 공천이라는 반증이 될 것이다. 당선된 무소속 후보자의 경쟁력과 당선 가능성을 중앙당에서는 오판한 것이 되고, 정당 공천자를 이기고 무소속 당선을 통해 유권자들의 민심을 잘못 읽은 책임을 지는 중앙당의 조치가 필요하게 된다. 또한, 무소속 출마를 통한 당선이라면 기존 정당에 기대지 않고, 오롯이 후보자 자신의 경쟁력으로만 선거에 승리한 것이기에 차기 선거까지도 후보자의 능력과 탄탄한 조직력을 대외적으로 증명하는 계기로도 풀이할 수 있을 것이다. 후보자의 경쟁력과 지지세를 중앙당과 지역 정치권 만방에 보여주는 계기가 되는 것이다. 반면에 무소속 출마에 대한 부담도 상당한 것이 현실이다. 거대 정당들의 정책지원과 홍보전략에 맞서서 후보자 혼자의 인물론으로 본 선거 승부가 가능할 것인지 고민이 뒤따른다. 또한, 무소속 출마라는 것은 엄연히 기존 정당을 등지는 것이고, 당원의 입장에서 보면 기존 소속 정당에 대한 해당행위로 간주될 수 있기 때문에 무소속 출마에는 유권자들을 설득할 수 있는 명분이 있어야 하고, 당원과 유권자의 공감대를 얻어야 무소속 출마로 이어지고 당선 가능성도 높일 수 있는 것이다. 큰 선거를 준비하든, 작은 선거에 입후보 등록을 했든 간에 무소속을 위해 기존 정당을 탈당하는 것 역시, 후보자가 짊어질 정치적 책무인 것이다. 무소속 출마는 외롭고, 정당 공천 후보자보다 힘들다. 이 역시 무소속 후보자가 감당해야 할 몫이다.

　무소속 출마를 강행하기 위해서는 출마를 위한 명분 뿐만 아니라, 후보자가 기존 정당 후보자들과 경쟁하여 이길 수 있는 본선 경쟁력을 갖추어야 하는 것은 당연한 전제 조건이다. 정당에서는 전략 공천을 결정하는데 있어, 자체 여론 조사나 지역 동향을 반복적으로 살펴서 본선 경쟁력을 공천의 제일 우선 순위로 둔다. 그저 중앙당 지도부와 친해서 전략 공천을 주거나 전략 공천 대상자가 유명인사나 셀럽이라는 이유로만 전략 공천을 하지는 않는다. 경쟁하는 상대 정당의 후보자를 상대로 한 여러 가지 예측에서 앞선다고 판단하기에 중앙당에서는 전략 공천을 하는 것이다. 이에, 정치 신인이나 출마 초년생들도 지지도의 상승세를 보고 본선 경쟁력을 염두하여 종종 기득권을 가진 정치 고수들을 제치고 전략 공천을 따내곤 한다. 반대로, 전략 공천에 탈락한 정치고수들이 무소속 출마를 강행하여, 자신이 닦아 놓은 지역의 조직력과 인물론으로 공천 받은 정치초년생 후보자들을 이기고, 기존 정당에 당당하게 재입당하는 사례들도 우리는 종종 보아왔다. 그런 이유로 무소속 출마를 부정적으로만 볼 일도 아니다. 경우에 따라서는 주요 정당에서도 공천이 아닌 지도부의 개인 인연에 연연한 사천을 할 때도 있고, 지역 민심을 중앙당에서 잘못 파악한 오판이 있을 수도 있다. 중앙당에 있는 여러 심사위원이나 국회의원들도 자기 사람 심기를 하기도 한다는 것이다. 그런 경우에 사천 논쟁이 발생하여, 해당 지역 선거구는 뜨거운 감자로 부각된다. 당내 경선에 비해 전략 공천은 정당 지도부의 책임성이 더욱 대두되는 방식이다. 당내 경선은 나름의 기준과 절차를 통해 당내 민주주의를 실현하는 것에 반해, 전략 공천은 지도부의 해석과 판단에 따라 추천되는 인물들이 다를 수 있다. 그런 의미에서 전략 공천을 실패했을 경우 받게 되는 여론의 지탄과 파열음은 더욱 큰 것이다.

오히려 그런 책임성을 회피하기 위해 특정 선거구에서 출마 희망자들의 인물론의 차이가 너무도 크게 남에도 불구하고 후보자들끼리 당내 경선이라는 뻔한 결과를 앞둔 절차를 거치는 지도부가 있기도 하다. 누가 보더라도 출중한 후보자가 있다면 그 선거구에는 당내 경선이라는 군더더기 과정은 생략하고, 전략 공천을 통해 본 선거를 미리 준비하도록 하는 것이 좀 더 효율적인 선거 전략이 되는 것이다. 중앙당 입장에서 객관성을 많이 담보할수록 자당 출신 무소속 출마자의 상황은 제한적이게 된다. 왜냐하면 무소속 출마는 공천 출마에 비해 훨씬 외롭고, 힘든 일이다. 선거라는 행위가 어느 하나 쉬운 일이 없지만, 무소속 출마는 특히 더욱 그러하다. 기존 정당의 텃세도 이겨내야 하고, 기존에 자신과 친했던 당원들과도 함께할 수 없다. 오히려, 자신들의 공천 후보자를 지원하고 홍보하며, 무소속 후보자의 부당함과 불합리성을 유권자에게 전파한다. 어제의 동지가 하루 아침에 적이 된 것이다. 뿐만 아니라 무소속 출마에 대한 해명이 유권자들에게 필요하다. 자신의 관점이 아닌, 유권자 입장에서의 이해와 해석이 필요한 대목이다. 그런 이유로 가족들과 지인들의 의견을 얻는 것도 무소속 출마의 전제조건이다. 선거는 가족이 함께 준비하는 행위이기 때문이다. 무소속 출마의 당위성은 무소속 후보자가 선거에서 당선되면 해결될 수 있다. 또한, 당선된 후 기회를 봐서 다시 종전의 정당에 입당을 할 수도 있고, 경쟁하는 다른 정당에서 스카웃 제의가 올 수도 있으며, 줄곧 무소속 신분으로 정당에 기대지 않고, 지역 주민만 바라보고 더욱 열심히 당선자 역할을 수행할 수도 있다.

다만, 선거는 이기는 법도 중요하지만, 아름답게 마무리 하는 것도 중요하다. 장수가 싸워야 할 때와 물러서야 할 때를 알아야 하듯이 후보자는 자신의 정치 행보를 길게 볼 필요가 있다. 무소속을 선택한 후보자에게 있어 최상의 선택이 무소속 출마 후 당선이라면 최악의 상황은 무소속 출마 후 낙선이다. 유권자에 대한 무소속 출마 명분도, 기존에 소속되었던 당원들에 대한 신뢰도 증명하지 못했기 때문이다.

6
—
본선
(本選)

제31계. 조직개편(組織改編)

습관을 조심하라. 운명이 된다.

———

마가렛 대처

각 당의 공천 과정이 끝이 나면, 후보자는 본 선거 준비를 위한 전략 구상과 조직 개편에 들어간다. 우선, 정당 공천자는 기존 정당의 당원 조직을 받아 자신의 선거조직에 편입시킨다. 당원 조직은 선거구마다 다소 차이는 있지만 보통 여성, 청년, 직능, 디지털, 노인, 산악회 등으로 분업화 되어있고 정기적인 회의체 성격을 가진다. 분업화된 각 조직들로부터 사안에 따른 정책과 공약, 그리고 유권자 동향 등이 정리되어 선거캠프에 공유된다. 예를 들어, 여성 조직은 육아와 출산, 경력 단절, 치안, 교육 등의 문제를 중점적으로 다루고, 그에 따른 정책과 내용을 취합한다. 경우에 따라서는 여성 단체를 만나거나 상징적인 인사를 접선하기도 하고, 이를 후보자의 주요 일정으로 배분하기도 한다. 선거캠프의 주요 구성을 지역 유권자들의 모임으로 꾸려가기 때문에 선거캠프 구성원 한 명 한 명의 행실과 세평, 또는 이력도 조직을 구성하는 데 많은 영향을 줄 수 있다. 선거캠프에 악영향을 미칠 수 있는 선거조직 구성원은 사전에 차단하고, 반대로 덕망 있는 지역인사를 영입하게 되면 그만큼 후보자의 지지도 상승에 도움이 된다. 또한, 중앙당의 공보 기능과 정책실, 대변인실, 홍보실 등의 지원도 별도로 받을 수 있다. 중앙에서 내려오는 전문적인 선거 유세나 선거 운동 영상과 의상, 소품 등과 같은 지원사항도 챙길 수 있다. 역으로 지역의 숙원사업과 공약사항을 중앙당 정책국이나 선거 상황실로 올려 보내 당 공약 자료집에 반영을 하거나, 대변인실의 해명과 보도자료, 선거 유세 지원 등 중앙당의 전폭적인 지원을 요구할 수도 있다. 무소속 출마 후보자에 비해 훨씬 정제되고 전문적인 지원을 중앙당과 당원들로부터 확보할 수 있는 것이다. 기존 주요 정당의 공천을 받게 되면 무수히 많은 선거 관련 노하우를 얻는 것은 물론, 각종 사안에서 후보자의 부담이 적어진다.

만약 지역 정치 환경과 중앙당 전략 공천 등을 고려하여 애초부터 무소속 출마를 마음 먹고 선거를 준비한 무소속 후보자라면, 전략 수정 없이 주요 정당에서 공천을 확정지은 경쟁 후보자들과 본 선거 운동을 해 나가면 된다. 하지만, 주요 정당의 전략 공천에서 밀려나 무소속 출마를 강행하는 무소속 후보자라면,

기존 정당에서 공천을 받을 것이라 기대하고 준비해 왔던 일련의 선거 전략을 대폭 수정하지 않으면 안 된다. 우선, 후보자의 선거 홍보물과 명함, 선거 사무소 등에서 종전에 소속되었던 정당 로고와 정당 아이템들을 모두 빼거나 버려야 한다. 무소속 출마자는 기존에 소속된 정당을 탈당하고 무소속 출마를 할 수 있기에, 무소속 후보자는 더 이상 어느 정당에도 당원으로 가입돼 있지 않는 말 그대로 무소속 상태이다. 무소속 후보자의 이력에서조차 기존 정당의 활동 사항들은 전략적으로 빼는 것이 낫다. 무소속 후보자가 괜히 기존 정당을 동경하고 홍보해주는 꼴을 보여서는 안 되는 것이다. 또한, 철저하게 인물론과 지역 적임자론 위주의 선거 전략을 취해야 한다. 기존 거대 정당들의 후보자 사이에서 무소속 후보자가 돋보이기 위해서는 다른 경쟁 후보자들과 비교했을 때, 무소속 후보자의 능력이 뛰어나거나 후보자의 가치가 앞선다고 유권자들로 하여금 판단할 수 있게 해야 한다. 기존 정당 당원들의 여론에서도 정당 공천 결과가 잘못되었고, 공천 받은 후보자보다 전략 공천에 탈락한 무소속 후보자가 더 낫다라는 평가가 나와야 정당 후보자와 경쟁 구도가 잡힌다. 선거조직 역시도 무소속 후보자에 맞는 구도로 개편해야 한다. 우선 기존 당원 조직을 버리고, 그 자리에 지역의 명망 있는 단체나 인물을 선거캠프 책임자로 포섭해야 한다. 주요 정당의 당원 조직에 상응할 만한 선거 조직을 구성하고, 무엇보다 탕평책을 펼쳐 후보자와 정치적 공감대가 같고, 득표에 도움되는 인재라면 반대진영에 있던 사람을 포함해서 지역 인사 누구와도 함께 할 수 있다는 자세를 보여야 한다. 당연히 무소속 후보자의 본선 경쟁력이 높다면 조직이나 인재들은 많이 몰려든다. 이에, 지역적 유대관계가 크고, 인간관계가 특성화되어 있다는 것이 상대적으로 수도권 선거보다 지방 단위의 선거에서 무소속 당선자가 많이 나오는 이유가 된다.

　기존 주요 정당의 공천 후보자들이 선거 인프라에 대한 풍부한 자료들과 경험들로 승부하기에, 오히려 지역 선거구에서 해당 정당에 대한 지지파와 반대파가 극명하게 나뉘는 진다는 것은 무소속 후보자들이 그 반대급부로 활용할 수 있는 주요 전략이 된다. 즉, 무소속 후보자들은 기존 정당 공천자들에 비해 무당층이나 중도적 유권자에 접근할 수 있는 여력이 있다는 것이다. 기존 정당의 후보자들이 정당 인지도를 안고 선거에 임한다면, 무소속 후보자는 기존 정당의 어디에도 가입되어 있지 않은 중도적이며, 유보적인 입장을 보이는 유권자들을 주요 타겟으로 선거전을 이끌어 나가면 된다. 쉽게 말하면, 무소속 후보자는 주요 정당에 대한 비판을 통해 중도층부터 공략하는 것이다. 또한, 기존 정당의 당원들 중에서도 공천된 정당 후보자에게 지지를 보내지 않는 유권자들이 있다. 그런 주요 정당의 유보적인 당원들도 무소속 후보자의 지지자로 만들 수 있다. 물론, 정당 공천자들은 당원들을 중심으로 집토끼 전략을 쓰기 때문에, 기존 정당의 지지자들을 상대로 무소속 후보자가 득표율을 올리는 것은 다소 한정적이다. 그런 이유로, 무소속 후보자끼리도 연대를 하거나 합종연횡을 하는 경우도 종종 있다. 지역구가 다른 무소속 후보자들과 일종의 '무소속 연대'를 형성하여 선거 유세전이나 홍보전에서 기존 정당의 문제점들을 부각하고, 인물 중심의 투표를 해 달라는 호소를 한다. 흔히, 같은 기초단체에 속해 있는 기초의원 출마자들이 지역적 동질감과 공감대를 안고 무소속 연대를 구축하기도 한다. 여기에, 아무 정당에도 소속되어 있지 않은 다수의 중도층을 시작으로 확장성을 넓혀 가는 것이 무소속 후보자의 좋은 전략이 될 것이다. 반대로, 정당 공천자들은 당원들의 지원을 최대한 이끌어 내어, 무소속 후보자에게 마음을 주지 않도록 당심을 단속해야 한다. 당원들에 대한 신망을 넓혀가며 지지세를 확장해 가는 것이다. 보통 지역의 당협위원회는 기존의 조직들을 갖추고 있기에, 정당 공천을 받은 후보자는 선거운동을 하는 데 유리한 출발선에 선다. 그러기 때문에 선거에 출마하는 후보자라면 너도 나도 주요 정당의 공천에 목을 매는 것이다.

본 선거 운동을 위한 후보자의 선거 캠프는 기본적으로 크게 정책파트와 조직파트로 분류해서 운영된다. 정책파트 안에는 후보자의 일정과 행사를 담당하는 일정팀, 특정 장소나 특정 시기에 후보자가 표명해야 할 정치적 발언이나 표어 등을 담당하는 메시지팀, 후보자의 정책과 유권자에게 내세울 공약을 담당하는 공약팀, 후보자간 방송토론이나 방송연설을 담당하는 방송팀, 후보자의 언론보도나 언론 동향을 파악하는 공보팀 등이 있다. 조직파트에는 산악회와 동별, 직능별, 청년, 여성, 장년, 종교, 학교, 동문, 그리고 성씨 조직 등이 있으며 선거운동을 최전선에서 치루는 유세팀과 율동팀, 그리고 자원봉사자 등도 여기에 속한다. 지역의 선거 이슈에 따라 후보자가 힘을 실어 관리하는 파트가 따로 있을 수도 있고, 선거전에 따라 유동적이고 선별적으로 역할이 가중되는 파트도 있다. 본 선거를 앞두고, 선거조직을 개편하는 데 가장 중요한 사항은 무엇보다 후보자와 선거조직과의 신뢰다. 이제는 본 선거를 목전에 두고 있기 때문에 내부문제가 발생하면 더없이 커다란 내상이 된다. 반면, 후보자와 선거조직이 똘똘 뭉쳐서 하나가 된다면 더욱 위대한 시너지 효과가 나타나는 것도 또한 기대할 수 있다. 선거 결과에 따라 후보자는 당선이냐 낙선이냐의 운명에 놓이게 된다. 그런 결과를 함께 이끌어주는 것이 선거조직이다. 지역 선거구의 특성에 맞게 선거조직을 개편하고, 당내 경선이나 공천 과정에서 함께 공천 경쟁을 했던 후보자들과 선거조직을 본 선거캠프에 함께 합류시켜 경쟁상대 후보자를 상대로 본선거 운동을 준비하는 방법도 있다. 또한, 무소속 후보자가 함께 정당 공천에 탈락한 후보자의 지원을 받아 본 선거에서 당선을 하는 사례들도 있다. 그만큼 본 선거를 위해서는 지역과 정치 상황에 맞는 선거조직 개편이 필요하다. 양적 우위만을 강조하며 선거조직을 꾸리다보면, 선거캠프 운영비가 많이 들고, 구성원들로 인한 사건사고도 신경써야 할 것이다. 효율적인 선거조직 구성과 운영이 후보자의 본 선거 분위기를 좌우하게 된다.

제32계. 상호공격(相互攻擊)

모든 권력을 한 정당에 맡기는 것은
나쁜 정치에 보험을 드는 것이다.

———

마크 트웨인

　당내 공천 후보자가 확정되고, 선관위에 본 선거운동을 위한 후보등록을 마치고 나면 본격적인 본 선거운동이 전개된다. 해당 선거구에서 각 정당 공천 후보자들과 무소속 후보자가 투표일까지 명실상부한 진검승부로 선거 당락을 경쟁하게 된다. 한 자리뿐인 선거 당선인의 자리를 두고 각 정당과 후보자 간에 대척점이 만들어지고, 각 후보자 진영의 지지자들을 중심으로 선거전이 시작된다. 각 후보자 진영에서는 자기 편 후보자의 장점은 널리 확산시키고 단점은 감추는 대신, 경쟁하는 상대 후보자의 장점에 흠집을 내고, 단점에는 더욱 큰 흠집을 낸다. 자신의 단점은 해명하거나 회피하고, 상대 후보자의 단점 뿐 아니라 장점까지도 긁어 부스럼을 만들어 지역 유권자에게 전파시킨다. 후보자 자신과 후보자가 속해 있는 정당에 대해서는 포지티브 전략으로 이쁘게 포장을 하고, 상대 경쟁 후보자와 상대 소속 정당에 대해서는 네거티브 전략으로 상처를 내면서 유권자들의 반응 또한 민감하게 관찰한다. 상대적으로 포지티브 전략보다 네거티브 전략이 유권자들에게는 확산성이 빠르다. 흔히, 연예인에 대한 칭찬보다 남에 대한 험담이나 가십거리가 확산성과 파급력이 큰 것과 비슷한 현상이다. 유권자들은 자신들보다 훌륭한 인물을 지지하고 투표를 하는 것이 일반적이다. 즉, 유권자보다 훌륭한 후보자의 면면에 대해서는 당연시 하지만, 유권자보다 부족한 후보자의 도덕성, 인간관계, 가정사, 능력 등을 알게 되면 거기에서 오는 거부감이 커진다. '저런 사람이 왜 출마를 했을까'라고 생각하게 되고, 해당 후보자의 부정적 기류에 편승하여 해당 후보자는 자신의 선택지에서 제외하는 수순을 밟게 된다. 이러한 유권자에게 부정적인 이미지를 상대 진영에서 공격해 오는 것을 선거에서의 네거티브 전략이라 한다. 모든 선거에서 각 진영이 쓰고 있는 선거 전략 중 하나이다. 그런 이유로 네거티브 전략에 대한 대응을 얼마나 지혜롭게 할 수 있느냐하는 문제 또한 후보자가 극복해야 할 사안이 된다.

　모든 후보자는 인간이기에 선거 전에 살아왔던 삶에서 빈틈이 있기 마련이고, 후보자의 신상과 성과에 완전무결함을 기대할 수만은 없다. 또한, 선거 출마 후 유권자를 대상으로 발표하는 정책이나 공약에 있어서도 자신의 부족함을 우수한 선거 스텝들과 각 분야의 훌륭한 지인들과 전문가들을 통해 채워나간다. 또, 지역의 종교 활동이나 봉사 활동에 열심히 동참하여 겸허한 자세로 살아가는 모습들도 보인다. 후보자가 살아온 날들이 치열했음에도, 성과라는 결실을 맺기 위해 놓친 부분들과 흠결이 있을 수도 있다. 또한, 후보자 자신이 아닌 배우자나 가족, 혹은 선친들의 행적에 대한 평가들도 후보자의 의도와는 상관없이 생겨날 수 있다. 더욱이 후보자와 관련된 이런 단점과 흠결들을 선거라는 공공선을 실현하기 위해 후보자 나름대로는 좋은 취지로 출마한 선거과정에서 알게 되는 경우도 있다. 선거에 출마 하지 않았다면 문제되지 않았거나 몰랐을 후보자의 의도치 않았던 단점들이 후보자 검증 단계를 거치며 생겨나거나 사실보다 더욱 부풀려질 수도 있다. 또한 선거 출마를 했기 때문에 일상에서는 어느 정도 통용되고, 이해가 되었던 부분도 선출직 공직자 출마로 인해 문제가 되어 흠결로 작용되는 경우도 있다. 투표일을 앞두고, 지역구 모든 가정으로 배달되는 선거 홍보물에 적시되는 전과 문제나 세금, 병역 문제와 같이 눈으로 확인 가능한 흠결은 말할 것도 없고, 선거 홍보물에는 적시되지 않는 후보자의 이성문제, 금전문제, 사회생활에서 발생한 잡음, 학력이나 이력과 관련된 문제, 배우자나 자식의 사건·사고, 선친들의 역사적 이적행위나 이념논쟁 등, 이 모든 것이 네거티브 사항들이다.

후보자에 대한 네거티브에는 분명 억울하고, 사실과 다르거나 확대 해석된 부분들이 다수를 차지한다. 선거전에서는 소문과 풍문 등의 없는 얘기도 만들어내기에, 왜곡되는 사실들이 분명히 있을 수 있다. 예를 들어, 후보자 아들이 군대가 면제된 사실은 맞지만, 그 과정을 두고 질병에 관한 면제가 아닌 병역면탈을 위한 면제라는 네거티브나 후보자의 든든한 배경이 면제 사유였다거나 하는 것은 결과에 대해 과정을 왜곡하는 네거티브라고 할 수 있다. 그런 이유로 네거티브 대응은 사안의 추이를 보는 것이 제일 중요하다. 쉽게 말해서, 네거티브에 대응해야 할 적절한 시기와 강도를 정하는 것이 핵심이 된다. 유권자의 여론 속에 묻혀가고, 확산성이 떨어지는 시점에서는 대응보다는 오히려 무대응이 나을 수도 있고, 확산성이 커져가는 상황에서는 후보자의 선거 캠프 공보실과 법률담당자를 통해 강력히 대응하고 응수하는 것이 필요하다는 것이다. 또한, 그것이 사실에 근거한 네거티브인지, 아니면 허위사실을 유포하기 위한 네거티브인지도 잘 판단해야 한다.

후보자가 분명히 안고 있는 흠결에 대해서 파장이 오래간다면 솔직하고 진솔하게 유권자들에게 고하고 그 결과에 대해서도 책임있는 대응을 하면 될 일이다. 거짓이나 은폐하려는 행위가 발각될 때에는 후보자에게 회복불가한 타격을 줄 수도 있다. 선거전에서 네거티브 대응의 좋은 본보기는 제16대 대선을 앞둔 민주당 경선에서 노무현 대통령 후보가 보인 전략이다. 당시 노무현 후보의 장인어른의 좌익활동 경력에 대해 사상논쟁이 한참 회자될 때 노무현 후보는 '장인이 좌익활동을 한 것이 맞습니다, 그렇다고 사랑하는 제 아내를 버리라는 말입니까? 대통령이 되겠다고 아내를 버리면 용서하겠습니까?'라며 사실을 인정하는 동시에 진솔한 대응전략을 보였다. 그 결과, 장인의 사상논쟁은 수그러졌고, 오히려 여성 유권자로부터 더욱 열렬한 지지를 받게 되는 계기가 되었다. 때문에 네거티브에 대한 대응은 고도의 정무적 판단이 필요하다. 잘 이용하면 네거티브를 걸어온 상대 후보자를 압도하고 더 큰 반향을 불러일으킬 수도 있는 것이 네거티브 대응이다.

반면, 사실에 입각하지 않은 허위사실에 대한 네거티브에는 강력한 대응이 주문된다. 허위사실에 관해 대처를 잘못하면 투표 당일까지 그 내용이 사실인양 유권자들에게 회자되어 버린다. 후보자 당사자도 모르는 처자식이 생겨나고, 한 적이 없는 부조리를 후보자에게 덮어 씌우기도 한다. 허위사실에 스토리까지 제법 그럴 듯하게 세팅되어 사실처럼 지역구나 언론에 전파된다. 네거티브가 치명적인 것은 만일 이것이 너무나도 커져버리면 후보자의 인물론이나 공약, 정책이 유권자들의 관심사항으로 먹혀들지 않기 때문이다. 선거 운동을 해야 하는데, 가는 곳마다 해명과 부정을 해야 하니 후보자 입장에서는 답답한 노릇이다. 그런 이유로 여론의 동향과 추이를 보고, 확산되기 전에 차단해 버리는 타이밍도 중요하다. 해당 허위사실에 대해 고발을 하거나 해명자료를 통해 공식적으로 정면돌파해 나가는 적극성도 필요한 것이다. 또한, 허위사실의 출처를 선관위나 검찰, 경찰의 선거사범 전담팀에 신고하고, 그에 따른 처분을 유권자에게 고지해야 한다. 잘못된 기사에는 반박 보도자료를 내보내고, 잘못된 보도 행태에 대해서는 언론중재위원회나 인권위원회를 통해 대처해야 한다. 모든 해명과 반박은 지역 유권자들에게 확산되기 전에 빠르게 대처해야 하고, 경우에 따라서는 후보직을 걸고, 네거티브의 진실과 맞서야 할 경우도 있다. 네거티브 대응을 위해서는 팩트 체크 과정을 반드시 거쳐야 한다. 이 절차는 냉정하고 객관적으로 이뤄져야 한다. 후보자의 시각으로만 평가해서는 나중에 일어날 여론의 동향을 간파할 수 없다. 사실인 흠결에 대해서는 유권자에게 이해를 구하는 자세로, 사실이 아닌 험담에 대해서는 법과 원칙에 따른 대응으로 네거티브 사안들을 극복해 가야 한다. 선거는 우리 지역을 위해 훌륭하고 능력 있는 후보자를 뽑는 과정이기도 하지만, 자격 없고 인성이 그릇된 후보자가 우리 지역을 대표하는 정치인이 되는 것을 막아내는 과정이기도 하다. 또한 후보자를 향한 네거티브가 막연한 비난이 아닌 팩트로 밝혀져 그 동안의 해명까지도 거짓으로 판명되면, 후보자는 이에 대해 모든 정치적 책임을 오롯이 져야한다. 선거에 출마하기 전에는 그저 온건했던 사람도 선거에 나왔다가 망가지는 모습을 여러 번 봐 왔다. 네거티브 대응의 기본

전제는 후보자가 지역 유권자들에게 진정성과 솔직함을 보여주는 것에서 시작해야 한다. 네거티브 전략은 양날의 칼과 같다. 조심히 다루지 않으면, 칼을 쓰고 나서 자신이 상처를 입을 수도 있고, 선거가 끝나고 나서도 그 진실여부에 따라 선거법 위반으로 인해 고초를 겪을 수도 있는 양날의 칼인 것이다.

제33계. 여론주도(輿論主導)

국민의, 국민에 의한, 국민을 위한 정부는
이 땅 위에서 영원히 사라지지 않을 것입니다.

———

에이브러햄 링컨

    후보자가 선거 운동 기간에 유권자를 만날 수 있는 기회는 의외로 많지 않다. 때문에 후보자는 한 번 만난 유권자에게 선거가 끝날 때까지 다시 인사드릴 기회는 없다는 각오를 다지며 유권자 한 명 한 명에게 진심으로 다가가야 한다. 상대적으로 수도권은 유권자들의 인구 밀집도가 높지만, 지방으로 갈수록 선거구에 비해 유권자 밀집도는 낮아진다. 선거구 내에서도 주요 거점 지역을 중심으로 하는 선거 운동의 특성상, 후보자의 유권자에 대한 노출도는 떨어지기 마련이다. 또한, 보름 남짓 되는 본 선거운동 기간에 선거 유세차를 운영하고, 선거 운동원들이 동네 곳곳을 다니며 홍보를 하고, 후보자가 선거구 전역을 다니며 선거 운동을 한다고 하더라도 후보자의 마음은 늘 불안하다. 황금과도 같은 합법적인 선거운동 기간 동안 후보자는 항상 아쉬운 마음이 들기 마련이다. 잠자리에 들었다가도 유권자들에게 명함 한 장이라도 더 돌려야 한다는 생각에 잠을 설치는 것이 후보자들의 같은 마음일 것이다. 밥 먹는 시간, 자는 시간이 아까운 상황인 것이다. 혼신을 다해 선거 운동을 했지만 상대 후보자는 자신보다 더 열심히 하는 것 같고, 자신은 늘 부족한 것처럼 느껴진다. 상대 후보자의 선거 운동원들은 잘 보이는데, 자신의 선거 운동원들은 뭔가 부족하고 늘 아쉬운 것처럼 생각된다.

선거일이 다가올수록 후보자는 조바심이 난다. 조금만 더 하면 당선될 것 같고, 역전이 가능할 것 같다. 하지만 후보자의 선거 운동 동선은 정해져 있고, 만나야 할 유권자들은 너무도 많다. 이러한 상황에서 후보자가 일일이 발품을 팔지 않고도 유권자와 접촉할 수 있는 방법이 SNS상의 온라인 선거운동이다. SNS는 평소 후보자의 일상처럼 틈틈이 소통하고 관리해야 하는 공간이다. 상대적으로 젊은 유권자나 지지자들과 만날 수 있고, 이들과 공감대를 형성해 차후 다른 외부행사나 일정들을 만들어 나갈 수 있다. 후보자의 간단한 메시지와 영상이 제작되어 인스타그램, 트위터, 페이스북, 유튜브, 카카오톡 등의 채널에서 시시각각으로 소통된다. 후보자의 메시지를 홍보하고, 지지자나 반대자의 의견도 소통하고 경청한다. 특히나 방송 출연 못지않은 파급력을 가지고 있는 곳이 유튜브 공간인데, 후보자 자신의 계정을 만들어 구독자와 지지세를 모아가며 채널을 키워나갈 수도 있고, 후보자가 파급력 있는 또 다른 유튜브 채널에 출연하여 새로운 소통의 기회를 가질 수도 있다. 다수에게 노출된다는 장점이 있지만, 끊임없이 새로운 구독자를 개척해 나가야 한다. 그리고 소통하는 모든 사람들이 유권자만을 대상으로 하지 않기 때문에 작은 선거에서는 크게 영향력을 미치지 못한다는 한계가 있다. 그런 상황에서 후보자가 공을 들일 수 있는 것이 방송미디어를 통한 소통 방안일 것이다. 선거를 앞둔 방송미디어에는 후보자의 방송 인터뷰나 선거연설, 방송토론 등을 통한 홍보 전략을, 큰 선거의 경우에는 여기에 선거 방송광고 까지 준비해야 하는 홍보 전략을 준비해야 한다.

선거 방송광고는 전문업체를 통해 후보자의 이미지를 입혀 제작하면 될 것이고, 인터뷰나 선거연설, 방송토론 등은 후보자가 직접 자신의 용어로 입에 맞는 언어와 메시지로 철저하게 준비해야 한다. 인터뷰의 경우는 보통 생방송이 아닌 사전녹화나 녹음 형식을 취하기 때문에 인터뷰 내용을 사전에 조달하여 그에 맞는 답변들을 준비하면 된다. 또한, 언론사와 사전에 잘 조율하여 언론사에서 일방적으로 후보자에게 던지는 질문만이 아니라, 후보자가 언론을 통해 하고 싶은 메시지를 사전 조율을 통해 질문으로 만들어서 받아 낼 수도 있다. 당연히 후보자에게 편파적인 질문이나 의도성이 짙은 질문에 대해서는 사전 조율 작업이 필수다. 선관위에 규정된 매뉴얼대로 언론사에게 선거비용을 지불하고 활용할 수 있는 방법도 있다. 당연히 지불된 선거비용은 후보자가 선거기간 동안 사용할 수 있는 선거비용 상한액 내에서 행해져야 한다. 선거연설에는 후보자의 출마 배경부터 공약과 유권자에게 던지는 화두, 그리고 자신의 강점과 지역구에 대한 미래비전을 담는 내용들이 매끄럽게 정리되어야 한다. 라디오와 TV 등을 통해 연설할 수 있으며, 방송 후 녹화물에 대해서는 후보자의 카카오톡이나 페이스북 등을 통해 전파 가능하다. 모두가 사전에 선관위의 검토보고를 필요로 하는 홍보 전략이다.

　무엇보다 후보자들이 공을 들이는 것이 방송 토론이다. 방송 토론은 인터뷰나 방송연설과 달리, 지역구 내 후보자들을 유권자들이 한 눈에 놓고 평가할 수 있는 상호 비교가 가능한 홍보전이다. 선관위에서 주최를 하거나 지역의 주요 언론사나 사회단체가 주관하여 방송을 내보내고, 후차적으로 많은 언론에서 토론 내용을 거론하는 언론 기사들을 내곤 한다. 방송 토론에 대한 시청율도 중요하지만, 지역의 많은 언론에서 그 내용을 다루기 때문에 확산력이 굉장히 크다. 우리는 종종 방송토론을 잘못하여 전국적인 조롱거리도 전략해 버리는 후보자들도 보아 왔다. 반면에, 박빙을 보이던 선거 구도에서 방송 토론의 결과에 따라 선거 분위기가 단박에 바뀌어 버리는 경우들도 많이 보아 왔다. 그만큼 미디어 매체의 전파력으로 인해 확산성이 빠르고 넓어서 후보자의 홍보 전략으로 잘 준비해야 하는 분야이다.

방송 토론을 위해 큰 선거든, 작은 선거든 후보자는 시간이 날 때마다, 선거 캠프의 관련자들과 연습하고 토론한다. 시행착오를 줄이고, 토론 당일 실수를 없애려는 것이다. 방송 토론은 주로 녹화 방송이지만, 편집이 전혀 없이 현장감을 그대로 살려서 방송을 내보낸다. 마치, 전장에서 선두에 서 있던 장수 간의 대결을 보는 듯이 선거 캠프와 후보자의 열성 지지자들은 TV시청을 꼼꼼히 한다. 두 장수 간에 수많이 칼부림이 오고간 후, 한 명이 승리했다고 판단되면 그 영향력은 곧 드러난다. 선거 캠프 관계자 뿐만 아니라, 유권자들 사이에서도 누가 낫다, 누가 잘했다, 누가 똑똑하다 등으로 지역 사회에 회자되기 마련이다. 이에 후보자들은 방송 토론을 최대한 활용하려 한다. 특히, 지지율에서 1위를 고수하는 후보자보다 반전을 노리며 추격하는 후보자 그룹에서 더욱 방송 토론을 희망한다. 상대적으로 1위 후보자는 반전의 기회를 주지 않기 위해 방송 토론을 피하고, 2위 그룹은 더 많은 공개 토론의 장을 만들기 위해 선두 후보자를 압박한다. 방송 토론 분위기도 1위 후보자는 수비 전략을, 2위 후보자는 공격 전략을 취하는 것이 일반적인 모양새다. 토론을 주최한 쪽에서 준비한 공통 질문에 대해서는 자신의 정책과 비전으로 설명을 하고, 후보자 상호 토론에 있어서는 철저한 준비를 통해 상대 후보자를 검증해 나간다. 상대 후보자의 빈틈이나 흠결에는 사정없이 맹공이 이어진다. 특히나, 방송 토론의 특성상 여론에서 앞서는 후보자에게 상호 질문이 몰리는 경향이 있다. 후순위 후보자의 뒤집기를 위한 포석이라 할 수 있다. 트집에 가까운 질문들이 매섭게 날아든다. 1등 후보자의 경우, 방어 위주의 토론 속에서 적절한 공격모드를 발휘하면서도 상대 후보자를 포용하는 모습까지 모여진다면 유권자에게 더 큰 신뢰와 자신감을 비칠 수 있을 것이다. 방송 토론 다음 날 선거운동을 해 보면 후보자가 방송 토론에 관한 점수를 제일 먼저 체감할 수 있게 된다.

선거 미디어를 통한 기법이 IT 발전과 더해져서 날이 갈수록 다양해지고, 발전하고 있다. 가장 기본적인 선거 운동이 유권자들의 얼굴을 보며 손을 맞잡는 일이지만, 후보자가 유권자를 대면하고 있을 때, 후보자의 선거 캠프에서는 또 다른 가상 후보자를 활용하여 유권자들과의 소통의 장을 넓히는 전략을 구사한다. 더욱 많은 유권자들과 소통하고, 더욱 다채롭게 접근하려면 이보다 좋은 선거 전략은 없을 것이다. 미디어를 통해 후보자를 접한 사람들은 나중에 후보자를 직접 대면하고 나면 더욱 친근감이 깊어진다. 후보자에 대한 기본 사항을 인지하고 후보자를 만날 수 있다는 것은 자연스럽게 인지도가 지지도로 바뀌는 시간들을 단축해 준다. 그런 의미에서 선거에서 미디어의 영향력은 점점 확대되는 추세이다. 일례로, 지방에서 작은 선거를 나온 평범한 후보자가 중앙 방송 매체에 소개되고 나면, 그다음 날 지역 유권자들이 후보자를 알아보는 시선이 달라진다. 그 방송은 1회성으로 끝나는 것이 아니라, 후보자와 지지자들의 SNS를 통해 확산되고 전파된다. '아침에 눈 떠보니 유명해졌다'라는 표현을 가능케하는 것이 선거 미디어의 힘이다. 사안에 따라 전략적으로 유권자들의 감성을 자극하는 후보자의 아이템들을 실시간 소개하는 또 다른 선거 유세 공간이 선거 미디어 공간인 것이다.

제34계. 홍보경쟁(弘報競爭)

우리는 선전활동을 통해, 많은 사람들에게
우리의 사상을 자연스럽게 침투시켜서
사람들이 무의식적으로 받아들이게 해야 한다.

———

괴벨스

   후보자를 알리는 다양한 방법 중 선관위에 제출해야 할 것이
유권자들에게 발송되는 선거 공보물과 선거구 내 주요 장소에
게재되는 선거 포스터, 그리고 후보자가 지정된 장소에 부착할
수 있는 선거 현수막이다. 선거 공보물은 후보자의 가치와 비전
을 집약적으로 정리해서 선거구 유권자들에게 보이는 일련의
정제된 홍보자료다. 진열된 상품을 소비자에게 잘 홍보하기 위
한 홍보전단지와 같다고 할 수 있다. 소비자에게 자신들이 판매
하는 제품의 장점을 소개하고, 타사 제품과 비교했을 때 우수한
내용들로 구매 욕구를 불어넣어 제품의 판매까지 이어지게 하
는 것이 홍보 전단지의 주 목적이다. 때문에 홍보 전단지는 타사
제품보다 특출한 고유의 장점은 대대적으로 홍보하는 반면, 제

품의 단점에 관해서는 최대한 소비자의 이해를 구하는 형식을 취한다. 당연히 제품의 홍보전단지에 거짓이나 과장광고가 있어서는 안 된다.

출마 후보자의 선거 홍보물 또한 이와 비슷하다. 후보자의 장점은 최대한 내세우고, 단점에 대한 이해와 해명의 내용을 실어서 유권자들에게 내보이게 된다. 생산자들이 소비자를 위해 자신의 제품 카탈로그를 잘 만들어서 홍보해야 하는 것처럼 후보자라는 상품을 잘 팔기 위한 카탈로그가 곧 선거 공보물인 것이다. 그만큼 선거 공보물은 제품에 대한 전단지와 같이 인상 깊은 방식으로 유권자의 시선을 끌어야 한다. 특히, 유권자들의 집집마다 함께 배달되는 세대별 선거 홍보물과 선거구 내 주요 장소에 부착되는 선거 포스터는 다른 경쟁 후보자들의 선거 홍보물과 함께 유권자에게 보여지기 때문에 더욱 차별성을 두고 신경을 써야 한다. 유권자들 중에 기존 정당의 당원들은 소속 정당의 후보자에게 지지 의사를 보이겠지만, 선거운동 마지막까지 지지하는 후보자를 정하지 못하고 있는 중도층 유권자에게는 선거 홍보물에 게재된 후보자의 이력과 정책공약, 그리고 비전 등이 후보자 간에 좋은 비교대상이 된다. 내용에 신선함이 있어야 하고, 현실성을 갖추어서 공감대를 형성해야 좋은 선거 홍보물이라 할 수 있다.

선거 홍보물은 철저하게 선거법 기준 안에서 제작되고 배포되어야 한다. 세대별 공보물을 비롯해 선거 포스터, 선거 현수막 등 기본적인 선거 홍보물에 대해 모든 후보자는 선거구 관할 선관위의 검수와 신고를 받는다. 그리고, 선거구 세대수와 유권자 인원에 따라 선관위에 선거 홍보 제작물을 제출하는 것은 선택이 아니라 필수 사항이다. 만약, 정해진 기일 내에 선관위에 제출하지 않으면 제출하지 않은 후보자의 선거 홍보물은 빼고, 유권자들에게 배부하게 된다. 제품의 홍보전단지가 기업의 선택에 따라 이루어지는 홍보작업이라면, 후보자의 선거 홍보물은 후보자의 홍보 작업인 동시에 유권자들에 대한 '국민의 알 권리'를 충족시키는 의무적인 성격을 갖는다. 그런 이유로, 선거 홍보물의 규격과 분량이 후보자 간에도 동일하게 적용되고, 경쟁 후보나 상대 정당을 무턱대고 비방하거나 허위사실을 기재해서는 안 되는 것이다. 또한, 후보자의 체급에 따라 선거 공보물은 동일 규격으로 8~16페이지에 이르기까지 동일한 분량으로 제작되어 배포된다. 투표일을 앞두고 치러지는 사전투표 선거일까지 계산하여, 본 투표일 기준 일주일 정도 전에 각 세대마다 다른 후보자들의 선거 공보물과 함께 배송된다.

선거 운동기간 동안 투표할 후보자를 선택하지 못한 유권자는 먼저 후보자별 공보물을 쭉 나열해서 차근차근 후보자의 특징을 살펴본다. 선거 포스터 역시 투표일 기준 일주일 전에 각 선거구의 부착장소에 붙여진다. 선거 홍보물이 도착되고, 선거 포스터가 동네마다 붙고 나면 거의 모든 유권자들이 표심에 대해 나름의 결정을 내렸다고 해도 과언이 아니다. 투표일 직전, 유권자에게 마지막으로 호소할 수 있는 것이 선거 홍보물과 선거 포스터이다. 모든 가정에 배달되고, 모든 동네에 부착되어 상대 후보자들과 얼굴부터 정책, 그리고 공약까지 모든 것이 나란히 비교된다. 선거 현수막 역시 행정구역 별로 1개에 한해 걸 수 있는데, 후보자의 비전이나 동별 공약을 담아서 특색있게 구성할 수 있다. 선거 현수막의 게첩 장소는 허용된 기간 중 후보자가 자율적으로 정해서 걸 수 있다. 주로 사람들의 왕래가 많은 중심지나 선거구 내 상징적인 장소를 놓고 후보자간 경쟁이 치열하다. 유권자들에게 더욱 시선을 끌 수 있는 방안을 각 후보자 캠프에서는 골몰하기 마련이다.

선거 공보물은 첫 페이지가 굉장히 중요하다. 보통은 후보자의 얼굴이나 모습이 실리고, 후보자의 기호와 이름도 들어간다. 경우에 따라서 후보자의 대표 공약과 대표 슬로건이 들어가기도 한다. 선거 포스터는 지면의 면적이 선거 홍보물에 비해 넓어지기는 하지만, 단 한 장에 후보자의 모든 것을 녹여내어야 한다. 선거 포스터에는 후보자의 얼굴, 기호 번호와 정당명, 이름, 대표 공약이나 슬로건 등이 삽입되고, 후보자의 학력과 경력사항들이 나열된다. 선거 공보물은 포스터에 비해 여러 페이지를 할애할 수 있기 때문에, 각 페이지마다 나름의 특징과 테마를 담아야 한다. 선거 공보물의 첫 페이지가 후보자의 이미지를 부각하는 페이지라면, 2페이지는 선관위에서 후보자 신상과 관련된 출생, 학력, 재산, 병역, 배우자와 직계존비속 관련 자료, 범죄 전과이력과 해명할 수 있는 공간을 모든 선거 후보자에게 신고하도록 하고 있다. 3페이지부터는 후보자의 출마에 대한 비전과 선거구에 대한 역점공약과 정책을 부각시킨다. 유권자의 알 권리에 대한 기초자료이면서도 후보자의 홍보자료인 셈이다. 후보자가 자신의 홍보 전략대로 내세울 동별 공약이나 후보자의 장점, 살아온 길, 지역구에 대한 비전 등이 포함될 것이다. 선거운동 기간 동안 유권자들에게 홍보되길 가장 원했던 사항들을 잘 녹여서 정리하는 것이다. 그리고, 마지막 페이지에는 유권자에게 호소하는 후보자의 진심어린 호소글이 첨부되는 것이 일반적인 형식의 선거 공보물이다. 후보자에 따라 많은 글문을 개제하기도 하지만, 최근의 트랜드는 한 눈에 보기 쉽게 사진이나 이미지를 많이 활용하는 편이다.

선거 공보물과 선거 포스터, 선거 현수막은 유권자에게 얼마나 공감을 주고, 그것을 지지도로 연결하느냐가 핵심이다. 선거를 시작하며 제작된 많은 선거 제작물 또한 마찬가지이다. 후보자의 명함에 실린 선거 슬로건과 후보자의 이미지가 맞아야 하고, 선거 사무소 외벽에 걸리는 현수막과 동별로 부착되는 동별 현수막, 그리고 선거 홍보물과 선거 포스터에서 나오는 후보자의 메시지와 이미지가 같아야 한다. 선거운동을 통해 지속적이고 반복적으로 유권자에게 각인을 시키는 것이다. 선거 홍보물은 투표일을 앞두고, 지역구의 전 가정으로 배달되는 후보자의 얼굴이다. 사진의 빛깔도 중요하고, 내용에 오타나 거짓 정보가 있어서는 안 된다. 또한, 무엇보다 선거운동 기간 동안 지지해주고, 응원해준 유권자에 대한 감사 메시지도 잊어서는 안 된다. 선거가 끝이 나고, 선거 당락에 따라 다시 유권자에게 인사를 하는 기회는 있겠지만, 지면으로 문서화되어 전달되는 것은 선거 홍보물이 마지막 기회이다. 사진과 이미지 또한, 후보자의 공약이나 이력만큼이나 중요하다. 진열대의 제품이 예쁘게 포장되면 소비욕구가 올라가는 것처럼, 후보자에 대한 이미지가 유권자들의 시선을 끈다면 금상첨화의 선거 홍보물이 된다. 경쟁 후보자보다 좀 더 예쁘고 활기찬 이미지가 부각되기 위해 노력을 아끼지 않는다. 후보자의 기본적인 스튜디오 사진 촬영이나 이미지 작업에만도 상당한 시간이 할애되어야 할 것이다. 그리고 진실성을 담아 솔직한 내용들로 구성해야 한다. 후보자의 입장에서는 선거 공보물에 담고 싶은 내용들이 너무도 많아서 지면이 부족하겠지만 유권자 입장에서는 후보자마다 선거구의 핵심 공약도 비슷할 것이고, 이력도 고만고만하게 느낄 수 있다. 또한, 꼼꼼히 보지 않고 대충 보며 첫 페이지나 이미지 내용만 흘러보는 경우가 허다하다. 하지만, 선거 공보물은 후보자가 발간하는 작은 책자이며 출판물이다. 유일하게 선관위에서 각 유권자들의 가정으로 전달해 주는 선전물이다. 그런 만큼 모든 선거캠프의 역량을 집중해 제작하고 점검한다. 선거 공보물이 제작되면 선거 포스터와 현수막은 상대적으로 쉽게 제작된다. 후보자에게는 선거 운동 기간 동안 만나지 못한 유권자가 있을 수 있다. 그러한 유권자가 후보자별로 선거 홍보물을 비교해가며 투표할 마음을 정한다. 이에, 각 후보자 선거캠프에서는 제작에 극도의 보안성을 유지하고, 후보자만의 작품을 만들기 위해 최선을 다하는 것이다. 선거 홍보물들이 나열돼 있으면 잘 만들어진 것과 못 만들어진 것이 유권자들에게 확연히 구분된다.

제35계. 총력지원(總力支援)

나는 실패한 적이 없다. 어떤 어려움을 만났을 때
멈추면 실패가 되지만 끝까지 밀고 나가
성공을 하면 실패가 아니기 때문이다.

———

마쓰시타 고노스케

본 선거 운동의 중반전을 넘어서면, 같은 선거구에서 경쟁하는 후보자 간의 지지도 순위가 어느 정도 매겨진다. 언론에서 발표하는 여론 조사 뿐만 아니라, 지역민심의 동향과 지지자들의 기세 등을 살펴보면 대략적인 중간 순위들을 가늠할 수 있다. 구체적인 득표수까지 짐작하기는 쉽지 않지만, 손가락 안에 꼽히는 후보자들 간의 순위는 대충 짐작이 간다. 선두권을 지키고 있는 후보자 측은 유리한 선거 분위기를 사뭇 반가워하며, 더욱 겸손하고 포용적이고 여유로운 자세로 선두 후보자의 당당함을 보이기 위해 노력한다. 반면 후발주자는 조금만 더 지지세를 이끌어내면 선두탈환이 눈앞에 보이기에 더욱 박차를 가해 선두주자를 위협하고, 진정성으로 유권자들을 설득해가며 최선을 다한다.

　유권자들 역시도 1등 주자에 편승해 가는 현상과 후발주자를 더욱 애틋이 응원하는 부류로 나누어진다. 흔히, 다른 사람들의 선택을 모방해 다수의 대중적인 의견에 편승하는 '밴드왜건 효과(Bandwagon Effect)'는 선거에서 선두주자에게 힘을 실어주는 현상이다. 많은 사람이 선두주자를 지지하는 이유가 있을 것이라 믿어 그에 동조하고, 다수에 속함으로서 안정감을 느끼고 싶어 하는데, 이러한 안전 욕구가 편승 효과를 이끌어내 선두주자를 더욱 떠받히는 것을 말한다. 이와는 반대로, 후발주자로 다소 어려운 환경에 있거나 경쟁에서 지고 있는 사람이 이기길 바라는 현상을 일컬어 '언더도그 효과(Underdog Effect)'라고 한다. 다소 불리하고 어려운 환경에서 분투해 역경을 이겨내고 1등으로 거듭날 것을 응원하고 지지하는 현상이다. 선거운동의 시작부터 투표일에 이르기까지 여론조사나 지역민심에서 1등을 고수하는 평이한 사례도 있을 것이다. 그러나 선거의 묘미는 역시 역전드라마와 같이 하루가 다르게 널뛰는 지역 민심으로 인해 1등 순위가 시시각각 바뀌고, 흥미로운 역전을 거듭하는 것에 있다. 발전적으로 선거운동을 이끌어나갈 수도 있지만, 자칫 선거전이 과열양상에 빠져 경쟁 후보자들 간의 진흙탕 싸움으로 변모할 수도 있다.

이러한 선거 운동의 막바지에 이르렀을 때, 해당 선거구를 직접 두 발로 뛰고 있는 후보자에게는 지지여론에 대한 감이 확실히 온다. 반환점을 돌아 결승 지점을 향해 선거전이 치닫더라도, 중간점검 평가가 1등인 후보자라면 현 상황에 안주하면 안 될 것이고, 후순위 후보자라면 포기하지 말고 반전의 기회를 노린 전략을 펼쳐야 할 때다. 선두주자는 선거 분위기가 급변 없이 흘러가기를 원하며 포지티브 전략을 구사해 선두주자의 면모를 보이려 할 것이고, 후발주자는 선거 분위기가 요동치기를 바라며 네거티브 전략을 구사하여 선두 진입을 노리게 된다. 후발주자 입장에서는 남은 선거운동 시간이 이대로 흘러가 버린다면 현재의 선거 분위기 판세가 그대로 굳어져서 낙선은 불 보듯 뻔한 일이 되어버린다. 어느 후보자든 투표일 개표가 끝이 날 때까지 한 순간이라도 긴장을 풀거나 열정이 식는 사람은 없겠지만, 선거 운동 전략상 관리모드와 공격모드에 관한 탄력적 적용은 필요한 사안이다. 먼저, 선거운동 중간평가가 여론 1순위를 달리고 있는 후보자라면, 자신감 있는 선거운동을 전개하되 상대 후보자들에 대한 여유로움과 포용력이 돋보이게끔 선거 전략을 펼쳐나가야 한다. 선거 막판까지 들어오는 상대 경쟁 후보자와 갈등이나 네거티브 전략에 휩싸이면 안 된다. 1순위를 가고 있기에, 후순위의 거의 모든 경쟁 후보자에 대한 시비거리가 되어버리거나 각 후보자들마다 맞상대자로 상정되어 자신과 대척점을 만들게 된다. 후순위 후보자들은 1순위 후보자와 1대 1 구도의 선거 분위기를 만들어야 언론의 조명을 받기에, 1순위 후보자를 이길 수 있는 대안으로 보이게끔 선거 전략을 짜는 것이다. 이에, 1순위 후보자는 사안에 따라 강경 대응할 부분에는 반격을 하겠지만, 웬만한 사안에 대해서는 무시 전략을 쓰거나 더 크게 해당 후보자를 포용해 버리는 관리 모드 선거 전략을 전개할 필요가 있다.

반면, 1순위를 제외한 후발주자인 2, 3순위 후보자들은 공격 모드로 선거 전략을 수정해야 한다. 투표일이 몇 일 남지 않은 상황에서 통상 하던 전략을 그대로 구사했다가는 유권자들의 시선에 선거를 포기하거나 선거에 열정이 식었다는 인식을 주기 때문에 더욱 강경한 선거 전략을 수립하지 않으면 안 된다. 무엇보다 이런 분위기로 계속 선거전이 진행되면 현재 순위 그대로 투표 결과가 나올 확률이 시간이 갈수록 점점 높아지게 될 것이다. 선거는 시험 삼아 나와보는 것이 아니다. 출마를 하고 예비후보 등록을 하고, 본 후보 등록을 하여 여기까지 왔다면 이겨야 할 것이 선거이다. 불법적인 행위가 아니라면 후보자로 할 수 있는 모든 역량을 발휘해야 할 것이다. 유권자들 눈에는 어떤 후보자가 더 열심히 선거운동을 하고, 유권자에게 진심으로 호소하는지 다 보인다. 선거 6일 전부터는 새롭게 실시된 여론 조사 결과를 언론이든 경쟁 후보자 캠프에서든 공표하거나 발표할 수 없다. 유권자들은 일주일 정도 여론조사 결과를 알 수 없는 깜깜이 상태로 지역 분위기를 살핀다. 종전에 발표가 되었던 여론 조사 결과에도 분명히 실제 지지도와 오차가 나는 부분이 있을 것이고, 그 이상으로 순위가 바뀌어 발표된 사례도 있을 것이다. 그렇기 때문에 1순위 후보자라 하여 마음을 놓고 선거 운동을 설렁설렁 한다는 입소문이 나게되면 이 또한 유권자들의 외면을 받을 것이다. 그러나, 2·3순위 후보자가 정말 열심히 한다는 지역민심이 돌고 동정표가 가면, 후순위 그룹에서 당선자가 나오는 사례도 수없이 봐왔다. 6일간의 여론조사 공포 금지 기간동안 후보자들은 많은 선거운동을 할 수 있다. 자신의 선거구를 몇 바퀴를 누빌 수 있고, 하루에 1%의 지지율을 올린다는 각오로 투표 당일까지 7%의 지지율 상승을 목표로 전력을 다할 수 있다.

선거 운동에는 후회나 아쉬움이 남지 않아야 한다. 선거 운동을 하다보면 부족함과 안타까운 상황들이 있기 마련이지만, 선거 운동 기간에 할 수 있었던 것을 하지 못하여 낙선했다는 인식을 갖게 되면 후보자 자신에게 용서가 되지 않는다. 선거에 출마한 후보자는 참 외로운 존재이다. 선거구 모든 유권자에게 '을'의 위치이고, 지지자에게는 더욱 친절하게 응대해야 하며 반대자나 관망하는 유권자에게는 더욱 간절한 진정성을 전달해야 한다. 선거구의 모든 유권자에게 후보자가 지지를 받을 수는 없지만, 모든 유권자를 상대로 혼신을 쏟아야 한다. 유권자 중에는 상식 이하의 행동을 하는 이도 있을 것이고, 소위 후보자보다 못 배운 사람, 후보자보다 못난 사람이라고 생각하는 사람도 얼마든지 만나게 될 것이다. 유권자들 앞에서는 후보자의 심리 상태와는 상관없이 피에로 인형처럼 늘 웃음을 보여야 하기에, 그런 모습에 자괴감을 갖기도 한다. 선거 분위기가 좋지 않을수록 외로움과 두려움은 더욱 커지는 것이 선거캠프에서 일어나는 흔한 현상이다. 그래서 더욱 후회 없이 선거 운동을 해야 한다. 너무도 열심히 선거 운동을 해서 미련이 없고 투표일에 후련한 감정이 생길 정도로, 발이 부르트도록 열심히 해야 한다. 그래서 누군가는 "임기 4년 동안 일할 것을 선거 운동 기간에 다 한다"고 말하기도 한다. 그만큼 모든 후보자는 선거 운동에 최선을 다해 임한다. 중간 순위 1등은 어쩌면 아무런 의미도 없다. 투표 결과가 1등이 되어야 당선인 것이 현실이다. 모의고사에서 아무리 1등을 하여도, 본 시험에서 1등을 하지 못하면 낙선이 되는 것이 투표의 속성이다. 선거전 중간평가에 선두주자 후보자는 더욱 겸허한 자세로 허리를 숙이고, 열심히 하는 모습을 보여야 한다. 지역의 갈등을 봉합할 수 있다는 자신감을 보이기 위해 후순위 후보자의 의견도 청취하며, 기품 있는 자세를 보일 필요도 있다. 하지만, 그보다 전제되어야 할 자세는 한결같이 최선을 다한다는 인식을 유권자에게 주는 것이다. 2·3순위 후보자들도 낙담할 필요 없다. 투표일 전까지 정치 환경이 어찌 바뀔지, 국제 정세와 대북 정세가 어떻게 전개될지, 여야 정치권에 어떤 대형이슈가 터질지 모른다. 또한, 지역구에서도 최선을 다하는 모습을 보이는 것이 유권자에 대한 예의이고, 자신의 지지자에 대한 약속이다. 선거를 바라보는 유권자들에게는 자신의 표로 선두에게 힘을 실어줘야 한다는 인식도 있지만, 동시에 독주하는 권력에는 견제와 균형의 자세를 취하는 모습들도 상존하고 있다. 그래서 혹시나 지게 되더라도 유권자에게 강한 인상을 심어주게 된다. 흔히들, 차기 선거의 대안을 떠올리게 되는 것이다. 현 당선인의 선거법 위반이나 개인사 문제로 선거구에 궐기가 날 수도 있고, 지역의 더 큰 선거에서 인재를 찾을 수도 있다. 유권자들의 한 표가 큰 의미가 있기에 최선을 다한 뒤 투표 결과를 후회 없이 지켜보는 것이다.

제36계. 필승당선(必勝當選)

바람이 불지 않을 때 바람개비를 돌리는 방법은
내가 앞으로 달려 나가는 것이다.

— 데일 카네기

　치열했던 선거전을 마무리하고 투표 당일이 되면, 많은 후보
자들은 배우자나 가족들과 함께 오전의 이른 시간을 골라 투표
소에서 투표를 한다. 언론에서는 각 정당 후보자들의 투표 사진
을 기사화하여 투표 당일에 스케치 형식으로 보도하기 때문에
투표하는 모습마저 그날의 선거 운동이라 할 수 있다. 후보자와
배우자의 드레스 코드나 남성 후보자의 넥타이, 여성 후보자의
가방 색깔과 미소까지도 당일 언론기사를 통해 나간다. 선거운
동을 하며 겪은 소회와 선거에 대한 후보자의 답변도 당연히 유
권자들의 표심에 영향을 미친다.

　최근에는 인터넷 언론을 통해 후보자의 일정과 발언이 바로

기사화되고, SNS를 통해 급속히 확산된다. 후보자는 투표가 끝나고 개표함이 열리기 전까지의 모든 행위가 선거 결과에 영향을 줄 수 있다는 생각으로 투표일 동선을 짜야한다. 공식 선거운동은 투표당일 전날 자정을 지나면서 끝난 것이 된다. 하지만, 여전히 수많은 지지자들의 SNS는 쉼 없이 가동되고 있고, 선거구 주요 장소에는 후보자의 포스터와 선거 현수막이 걸려 있다. 극단적으로 투표소로 가는 길에 후보자의 포스터를 보고서 마음을 돌릴 수도 있는 이야기다.

투표일에는 공식적인 선거 운동은 할 수가 없다. 그렇다고 후보자와 후보자의 선거 캠프는 투표가 마감되는 시간까지 마냥 손 놓고 있을 수만은 없다. 오전 투표를 마쳤다고 마음을 놓지 말고, 지지자들의 노고에 감사를 표시하면서 투표 독려를 통한 내부 표심 관리를 지속적으로 해야 한다. 투표 독려 행위는 후보자의 일반적인 지지 호소나 홍보 운동과는 달리 투표율을 높여달라는 형식의 후보자 발언을 하는 것으로, 문자나 전화, 그리고 동네별로 걸 수 있는 동별 현수막 등을 활용한다. 후보자를 지지해 달라는 의중을 담은 투표 독려는 효과적인 지지 호소 전략이 된다. 후보자의 지지자 중에서 미처 투표를 못 하고 있었던 유권자들도, 후보자의 투표 독려 발언을 접하면 당연히 투표장에서 후보자에게 표를 찍을 가능성이 커진다.

투표시간이 끝날 때까지 단순한 투표독려 행위를 하는 것은 선거법상 가능하다. 상대 후보자 역시도 투표독려 작업을 할 것이다. 다만, 투표독려가 득표 호소 행위가 되어서는 안 된다. 즉, '오늘 투표를 하셨나요?'는 가능하지만, '저를 찍어주세요'는 투표 당일에는 불가한 행위다. 선거는 개표가 시작되기 전까지는 끝난 것이 아니다. 그러므로 마지막 한 표까지 최선을 다하는 모습을 보여야 한다. 투표 당일에 지지하는 후보가 생기는 유권자도 분명 있다는 사실을 명심하자. 또한, 1표 차로 결과가 달라진 선거도 간혹 있었다는 것을 잊어서는 안 된다.

투표 당일은 후보자에게 안타깝고 시원섭섭하기도 한 미련의 시간이 될 것이다. 모든 투표소의 투표가 끝이 나고, 지역 선관위의 지도 아래 모든 투표함이 집결한 후, 투표함이 하나씩 열리기 시작한다. 투표함이 열리는 것과 동시에 선관위 요원들은 표를 집계하고, 개표소 현장에 있는 각 후보자 측은 투표상황을 선거캠프에 전달한다. 정해진 인원만 투표소에 들어갈 수 있기 때문에 각 선거캠프에서는 숙달된 선거 경험자들을 현장에 배치하게 된다. 투표소마다 후보자별 강세지역과 약세지역의 결과가 나오기 때문에 투표함 하나하나에 일희일비할 필요가 없다. 다만, 개표가 진행될수록 득표 추이는 중요하다. 후보자별로 득표수가 차이를 보이면서 관외 투표함과 우편 투표함까지 모든 개표를 마치면 총 합산된 득표수가 집계된다. 대게는 개표가 마무리되기도 전에 당선 유력이나 당선 확정을 구분 지을 수 있을 정도로 명백한 결과가 나오지만, 정말 미묘한 득표 차에 대해서는 재검표가 들어가기도 하고, 무효표에 대한 검수 작업을 다시 하기도 한다.

후보자에게는 끔찍이도 길었던 개표작업이 끝나고 당선자와 낙선자의 희비가 엇갈린다. 표차가 많든 적든, 누군가에게는 한없이 기쁜 일이 나머지 후보자들에게는 가슴 아픈 일이 된다. 당선자의 선거 캠프는 찾아온 주민들과 전화벨 울리는 소리로 시끌벅적하고, 낙선자의 선거 캠프는 가족이나 선거 스텝을 제외하고는 찾아오는 사람들의 발걸음마저 뜸하다. 당연한 광경이지만, 낙선자들은 마주하기 힘든 가혹한 현실이다. 승자와 패자로 나뉘는 선거 결과만 놓고 본다면, 승자는 성공한 정치인이고 패자는 실패한 정치인처럼 느껴진다. 모두가 열심히 최선을 다했지만, 이긴 쪽은 위세가 당당하고 진 쪽은 위축된다. 후보자의 당락을 넘어 해당 후보자의 선거 조직까지 명암이 갈리기 때문이다. 하지만 분명한 것은, 선거 결과로 당선과 낙선이 나누어진 것이지 그것이 인생에서의 승리와 실패를 의미하는 것은 아니라는 점이다. 선거에 이겼다고 해서 모두가 행복한 것만도 아니다. 의회나 지자체장으로 진출했지만 처신을 잘못하여 형사상으로 잘못되는 경우도 있고, 능력을 보여주지 못해 재선에 실패하거나 다음 선거에서 줄줄이 낙마하는 모습들도 심심찮게 봐왔다. 당선자에게는 축하할 일이지만, 앞으로 더 노력할 일들이 남았고, 낙선자는 위로받을 일이지만, 든든한 지원자들과 더 큰 경험들을 배웠다. 당선자는 선거 기간 갈라지고 시끄러웠던 선거구 민심들을 서둘러 하나로 봉합하고, 유권자에게 감사하는 것과 동시에 낙선자들을 위로하고 다독여줘야 한다. 지역의 유권자와 언론은 그런 당선자의 처신에 좋은 당선자가 나왔다는 확신을 갖게 될 것이다. 지역이 일상으로 복귀할 수 있도록 겸허한 자세로 당선자의 위치에서 주변을 살펴야 한다. 또한, 선거 승리에 도취되어 있어서도 안 된다. 만약 그런 모습이 길어지면, 투표일에 투표는 당선자에게 했을지는 몰라도 민심은 차츰 낙선자에 대한 아쉬움과 동정심으로 흘러가 버릴 수도 있기 때문에 선거가 끝난 후에 행동하는 당선인의 자세는 지역을 대표하는 공인의 자세가 되어야 한다.

반면, 낙선자들은 지지자와 유권자들에게 낙선 사례를 하고, 바삐 일상으로 돌아와야 한다. 낙선했더라도 유권자에게 당당함을 보여주었을 때, 마지막 인상이 더욱 강렬히 남기 때문이다. 선거가 끝이 나고, 일상으로 돌아와 새로운 영역에서 낙선자의 새로운 희망을 보여주는 것이 어쩌면 진정으로 패자부활전을 준비하는 자세일 것이다. 일상으로 복귀하지 못하거나, 당선자를 인정하지 못하고 선거에 대한 미련을 계속 남긴다면 그것은 고스란히 낙선자의 손해로 남는다. 득표에서 졌기에 낙선자가 된 것이지, 인물이 부족해서 낙선하였다는 인식을 지역의 유권자에게 남겨서는 안 된다. 그리 되면 정말 선거에서 패배자가 되는 것이다. 다음 기회를 살려 선거에 나가고 말고 하는 것은 낙선자의 선택이다. 하지만, 낙선자의 삶만 있는 것은 아니다. 낙선자의 가족이 있고, 같이 활동한 스텝이 있다. 그들의 가치를 더욱 높여줘야 하고, 그들의 헌신에 보답하는 삶을 선택해야 한다. 선거 운동만큼이나 개표가 끝난 후 후보자의 처신이 유권자들에게는 더욱 중요하다. 선거만 이기면 뭐 하겠는가? 선거 운동 기간 동안 같이 고생한 사람을 잃어서도 안 되고, 지지해준 유권자의 믿음에 실망을 주어서도 안 된다. 또한, 선거라는 룰에서 이겼던 것이지, 로마시대의 검투사처럼 칼로 겨루는 룰이었다면 상대 후보자에게 졌을 수도 있고, 시험을 쳐서 따내는 선출직 자리라면 상대 후보자보다 부족했을 수도 있다. 당선자는 그저 선거라는 제도 속에서 당선된 것이지, 당선자의 인생 전체가 승리한 것은 아니라는 것이다. 반대로, 낙선을 했다고 해서 후보자가 실패한 인생을 살아온 것도 아니다.

선거라는 것이 참으로 어렵다. 후보자의 이력만이 좋다고 해서 이기는 것도 아니고, 여당 출신의 공천을 받았다고 이기는 것도 아니다. 그저 시대정신을 반증한 민심의 준엄한 선택인 것이다. 여러 상황이 좋았어도 좋지 않았던 한 가지 이유로 질 수도 있는 것이 선거이다. 선거 중에서 가장 큰 선거인 대통령 선거에서는 당선된 노무현 대통령이 체급이 낮은 부산시장 선거에서는 낙선을 했던 것이 선거다. 기초의원 선거에서 떨어지고 기초단체장 선거에서 당선된 사례도 있는가 하면, 반대로 국회의원 출신이 기초단체장 선거에 나가서 떨어지는 경우도 보아왔다. 선거는 1회전만 있는 것이 아니다. 물론, 1회전만 해보고, 또 다른 인생을 찾아가는 사람들도 많다. 선거 결과 뿐만 아니라 그 과정 또한 후보자가 남기는 삶의 족적이 된다. 다만, 선출직 공직자의 길을 가든, 혹은 새로운 삶을 살아가든, 출마한 선거에서는 최선을 다해 유권자를 움직여야 한다. 출마했다면 당연히 승리하여 당선되어야 한다. 하지만, 당선이 끝은 아니다. 당선은 후보자에게 당선인으로서의 새로운 시작을 의미하게 되는 것이다.

출사표

1판 1쇄 발행 2021년 12월 25일

지은이 권세경
발행인 함초롬
발행처 도서출판 열아홉
디자인 데시그 디자인
종이 월드페이퍼
인쇄 상지사
주소 서울시 영등포구 여의도동 14-8 극동VIP 빌딩 909호
이메일 nineteenbooks19@gmail.com

ISBN   979-11-976269-0-6 (03340)